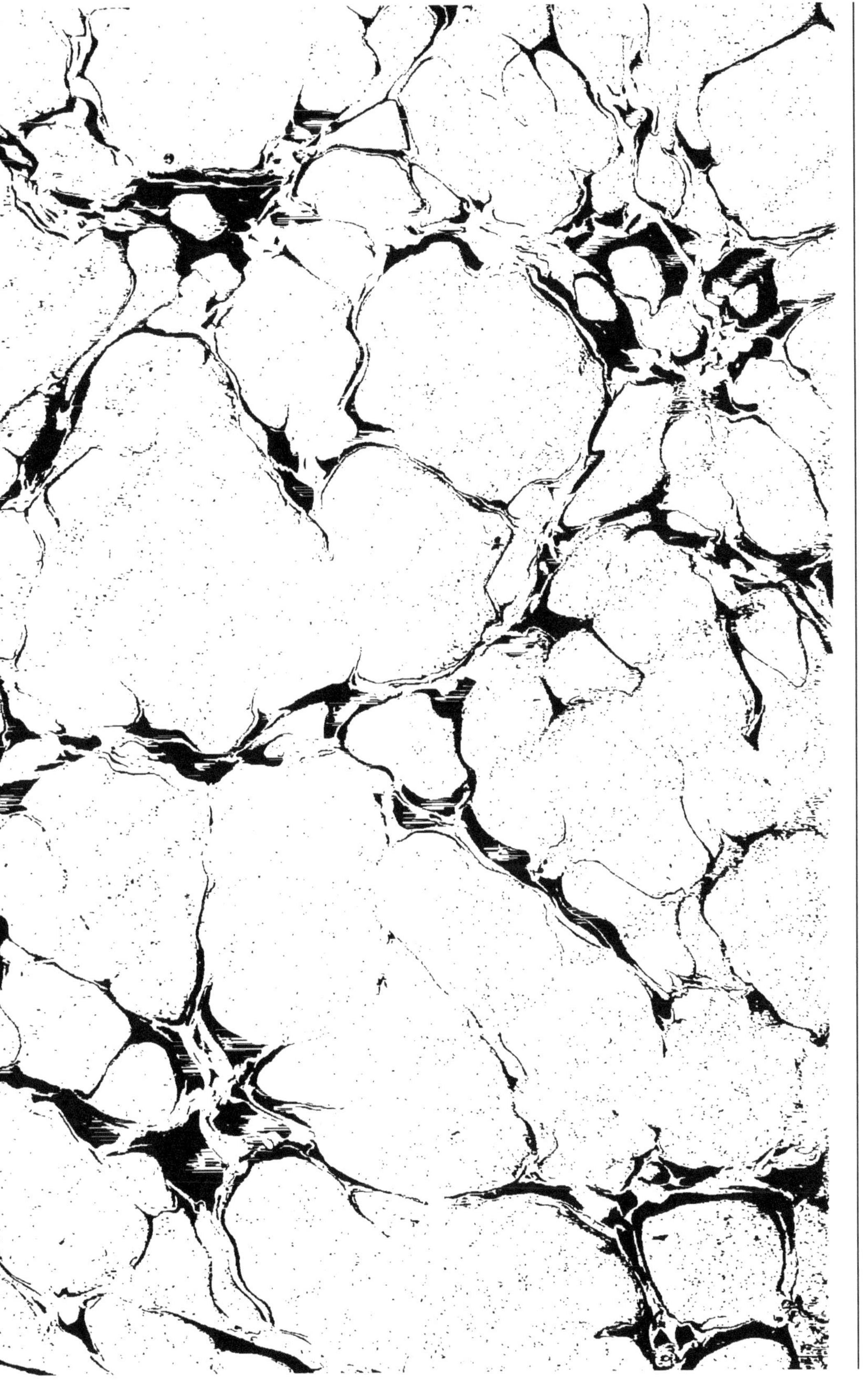

COLLECTION DES CLASSIQUES POPULAIRES

LES CHRONIQUEURS

DEUXIÈME SÉRIE

FROISSART — COMMINES

Mort de du Guesclin (*Reproduction du Musée de Versailles.*)

COLLECTION DES CLASSIQUES POPULAIRES

LES CHRONIQUEURS

DEUXIÈME SÉRIE

FROISSART — COMMINES

PAR

ANTONIN DEBIDOUR
ANCIEN ÉLÈVE DE L'ÉCOLE NORMALE SUPÉRIEURE
INSPECTEUR GÉNÉRAL DE L'INSTRUCTION PUBLIQUE
LAURÉAT DE L'ACADÉMIE FRANÇAISE

Un volume orné de plusieurs gravures

Nouvelle édition

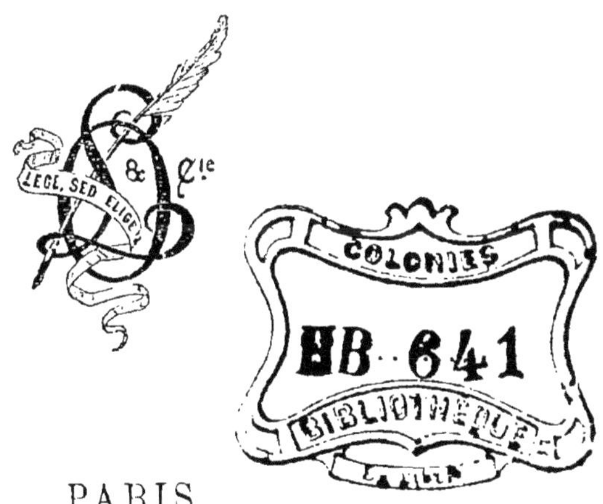

PARIS
SOCIÉTÉ FRANÇAISE D'IMPRIMERIE ET DE LIBRAIRIE
ANCIENNE LIBRAIRIE LECÈNE, OUDIN ET Cie
15, RUE DE CLUNY, 15

1903

LES CHRONIQUEURS FRANÇAIS DU MOYEN AGE

(DEUXIÈME SÉRIE)

CHAPITRE PREMIER

CHRONIQUEURS INTERMÉDIAIRES ENTRE JOINVILLE ET FROISSART.

La littérature historique, si vivante et féconde en France au XIIIe siècle, semble languir, se dessécher dans la première moitié du suivant, pour se relever dans la seconde et prendre une verdeur nouvelle. Sous les fils de Philippe le Bel et jusqu'aux dernières années de Philippe de Valois, les grands événements sont rares, les chroniqueurs aussi. L'ère des croisades est close, la légende de saint Louis commence à s'épuiser, le royaume est relativement en paix avec ses voisins et avec lui-même. La matière paraît manquer à nos historiens. Mais la guerre de Cent Ans commence et leur curiosité se réveille. Les coups de théâtre qui se multiplient dès le début de cette longue lutte, les revers inouïs de notre pays, son relèvement inespéré, les soulèvements populaires, l'anarchie féodale, le brigandage militaire, les contre-coups lointains de nos révolutions, voilà ce qui, sous Charles V et sous Charles VI, fait renaître en France le goût de conter et donne aux narrations des plus malhabiles un si dramatique intérêt.

Le plan que nous avons adopté ne nous permet pas de nous arrêter aux chroniques latines de cette époque. Aussi bien sont-elles peu nombreuses et, pour la plupart, d'une importance médiocre. Quelques moines continuent bien encore à rédiger dans la langue de l'Église d'insipides compilations. Mais, comme on les lit de moins en moins, ils se lassent peu à peu de ce travail ingrat. Beaucoup de monastères, qui avaient jusque-là tenu bon et d'âge en âge étendu leurs chroniques, cessent de les poursuivre au cours du xive siècle (1). Celui de Saint-Denis ne fait prolonger en latin l'œuvre de Guillaume de Nangis que jusqu'en 1340 (et encore se hâte-t-il de mettre en français les additions ainsi produites). A partir de cette date, c'est un carme, Jean de Venette, qui se chargera de la continuer. Mais il ne dépassera pas dans son récit l'année 1368 ; et, s'il nous touche plus que ses devanciers, par l'ardeur de son patriotisme et l'audace toute populaire de ses jugements, combien n'est-il pas regrettable qu'il soit resté ignoré jusqu'à nos jours, faute d'avoir écrit en idiome vulgaire !

(1) Ainsi s'arrêtent à cette époque les *Chroniques* de Colmar, de Saint-Magloire, de Saint-Martial de Limoges, de Nivelle, de Vézelai, de Maillezais, de Narbonne, de Dôle, etc.

Le latin recule donc visiblement au XIVe siècle. La langue commune envahit l'histoire. Elle y régnera bientôt presque sans conteste. Il est naturel que, même sur ce terrain et à cette époque, elle n'oublie pas entièrement les formes poétiques qui l'ont autrefois mise en honneur. Il ne faut pas perdre de vue que si, comme on l'a vu plus haut (1), la littérature épique s'est altérée et transformée chez nous au XIIIe siècle, elle est loin d'avoir disparu. Nous la retrouvons, au XIVe, dégénérée, mais encore vivace (2). On *chante de gestes* chez les grands, aux jours de fêtes, sous Charles V et son successeur. La masse du public commence, il est vrai, à prendre plus de goût à l'allégorie (3), à la satire (4), aux poésies légères (5), qu'à l'épopée. Mais elle aime qu'on lui parle en vers de tout, même d'histoire, et c'est à titre de trouvères que nombre de chroniqueurs la lui racontent encore.

Constatons cependant que les grandes compilations rimées, comme celles de Wace et de Philippe Mouskès, deviennent rares à cette époque. Jean d'Outremeuse (dont nous dirons plus bas quelques mots) écrit bien, comme s'il la devait chanter, sa volumineuse *Geste de Liège*, qui remonte au déluge; mais il ne tardera pas à la traduire en prose. Les

(1) T. Ier de cet ouvrage, p. 120 et suiv.

(2) Les principales épopées de cette époque sont *Bauduin de Sebourc*, *Charlemagne*, *Hugues Capet*, *Doon de Nanteuil*, etc.

(3) V. notamment le *Roman de la Rose*.

(4) V. *Renart le nouvel* et *Renart le contrefait*.

(5) Virelais, rondeaux, ballades, etc. L'auteur le plus fécond en ces divers genres au XIVe siècle fut Eustache Deschamps, qui écrivit surtout sous Charles V et sous Charles VI.

histoires générales, embrassant plusieurs siècles ou intéressant l'ensemble d'un grand État, sont, après Geoffroy de Paris (1), presque toutes composées en prose. La poésie ne s'attache plus guère qu'à des épisodes, à des événements isolés, ou à des personnages marquants dont elle retrace parfois la vie avec un grand luxe de développement.

C'est ainsi qu'elle nous montre, dans le *Vœu du héron*, le transfuge Robert d'Artois piquant d'honneur Edouard III et les barons anglais pour les entraîner à la guerre contre la France. Un peu plus tard, les batailles de Crécy et de Poitiers donnent lieu à de petits poèmes, dont le second surtout a un légitime retentissement. Vers 1351, un auteur anonyme retrace, avec une énergie et un coloris merveilleux, ce *Combat des Trente*, où Bretons et Anglais, luttant à nombre égal, prétendent décider du sort de la Bretagne.

« De sueur et de sang la terre rosoya. »

nous dit-il, et, quand le chef des Bretons, exténué de chaleur, demande à boire, voici ce qu'il lui fait répondre par un de ses compagnons :

« Bois ton sanc, Beaumanoir, ta soif te passera. »

Un peu plus tard (en 1370), Guillaume de Machau écrivait son poème sur la *Prise d'Alexandrie par le roi de Chypre*. Mais cette œuvre, malgré son mérite, n'eut pas la notoriété de celle de Chandos, héraut anglais qui, au moment où le Prince Noir venait de mourir (en 1376), célébrait ses hauts faits en plus de

(1) Auteur d'une chronique rimée qui s'étend de 1300 à 1316.

cinq mille vers. C'étaient des souvenirs tout chauds encore pour les contemporains, et de pareils récits ne pouvaient manquer de les passionner.

Nous ne citerons que pour mémoire quelques poèmes de circonstance, tels que celui de Guillaume de la Pérenne sur l'expédition des Bretons en Italie (1378), ou le *Dit* contre l'ancien prévôt de Paris, Hugues Aubriot (1381). L'intérêt de ces pièces, fort grand pour les contemporains, est pour nous très médiocre. Nous n'en dirons pas autant de la longue chronique rimée qui a popularisé, dès la fin du XIVe siècle, la mémoire de du Guesclin et qui, après avoir inspiré tous les historiens du héros breton, a été, de nos jours, tirée de la poussière et publiée sous sa forme originale (1). C'est une sorte de chanson de geste, qui comprend près de vingt-trois mille vers et dont l'auteur a conté, non sans inexactitude, ni sans mélange de fables, mais avec une vivacité singulière, l'enfance, la jeunesse, les exploits du grand connétable. Ce mauvais sujet,

Camus et noir, malotru et massant,

le plus laid, dit l'auteur, qu'il y eût de Rennes à Dinan, devint, d'enfant querelleur, soldat d'aventures, puis s'attacha pour la vie au roi de France et, en vingt ans de guerre, délivra le royaume des *Grandes Compagnies* qui le pillaient et des Anglais qui l'opprimaient. Le trouvère Cuvelier, qui le chanta presque au lendemain de sa mort (vers 1381), a rendu immortel ce du Guesclin légendaire, fait de rudesse et

(1) Par M. Charrière (Paris, 1839, 2 vol. in-4° de la collection des *Documents inédits sur l'histoire de France*).

de bonhomie, de finesse et de loyauté, de vaillance et de ruse, au demeurant une des plus glorieuses incarnations du patriotisme français (1).

Si de la poésie nous passons à la prose, nous trouvons sans doute un assez grand nombre d'ouvrages consacrés à l'histoire de notre pays ou de certaines de ses provinces. Mais il en est peu, à vrai dire, qui méritent aujourd'hui d'être cités et surtout d'être lus. C'est seulement sous l'impression des guerres anglaises, dans la seconde moitié du siècle, que le génie de nos narrateurs s'élève et que certains d'entre eux nous font pressentir Froissart.

Soit par l'effet des communications devenues plus faciles, soit pour toute autre cause, les chroniques purement provinciales ou locales élargissent leur cadre et tendent à se confondre avec l'histoire générale de la France, parfois même avec celle de tous les grands États de l'Occident.

Parmi les histoires régionales de cette époque, nous citerons surtout, à côté des *Anciennes Chroniques de Flandre* (compilation anonyme, qui s'étend de 1244 à 1328) (2), la chronique de Jean des Prez, dit d'Outremeuse, récemment mise en lumière et qui, malgré sa lourdeur et sa diffusion, ne manque ni d'intérêt ni de valeur littéraire. L'auteur de ce dernier ouvrage vivait entre 1348 et 1400. Il s'est proposé de retracer la vie des évêques de Liège, sa

(1) Nous devons signaler, à côté de son poème, celui de son contemporain, Guillaume de Saint-André, qui en comble certaines lacunes et expose en détail les longues guerres de Bretagne. (*Le Livre du bon Jehan duc de Bretaigne.*)

(2) Publiée dans le t. XXII du *Recueil des historiens de France*.

ville natale. Il l'a fait longuement, trop longuement, remontant à la création du monde, ou tout au moins au déluge, ne nous faisant grâce ni de Sémiramis qui fut une *moult vaillante dame*, ni de l'empire romain, ni des chefs barbares qui le détruisirent. Son récit, poursuivi jusqu'à l'année 1399, comprend, à certains endroits, non seulement l'histoire des provinces belges, mais celles de la France, de l'Allemagne, du Saint-Siège et des croisades. Il nous fait connaître, avec une autorité particulière, les événements les plus importants du XIIIe et du XIVe siècle.

En ce qui concerne spécialement la France, nous ne ferons qu'indiquer divers fragments, assez étendus, mais fort insipides, où sont racontés les faits relatifs à ce royaume, de 1251 à 1384. On peut les lire dans les t. XXI et XXII du *Recueil des historiens de France*. Nous ne nous arrêterons pas non plus à la brève et sèche Chronique attribuée à Jean Desnouelles, abbé de Saint-Vincent de Beauvais, et qui ne dépasse pas l'année 1328. Mais nous devons une mention moins sommaire aux *Grandes Chroniques de France*, dont nous avons fait connaître les origines et qui furent continuées soigneusement pendant tout le XIVe siècle et au delà. Les moines de Saint-Denis, qui les avaient commencées sous Philippe le Hardi, les augmentèrent d'âge en âge. Au récit primitif, continué d'abord jusqu'à Philippe le Bel, ils ajoutèrent l'histoire de ce prince, puis celle de ses premiers successeurs. Jusqu'en 1340, il est vrai, ils ne firent guère que traduire les continuateurs de Guillaume de Nangis (1). Mais, à partir de cette époque, les *Grandes Chroniques* devinrent une œuvre originale, rédigée en français, de première main, par des contemporains, au fur et à mesure des événements. Bientôt même ce recueil, qui jouissait d'une grande autorité dans tout le royaume, prit le caractère d'une histoire officielle. Les rois donnèrent à des laïques, généralement à leurs conseillers les plus intimes (comme le chancelier d'Orgemont, sous Charles V), mission de la continuer, et c'est ainsi que ces annales furent poursuivies jusqu'au temps de Louis XI. Mais il est superflu de faire remarquer que ce que l'œuvre gagna en correction, en régularité, en précision, elle le perdit en vivacité et surtout en sincérité (2).

La réserve toute diplomatique des historiographes royaux fait ressortir la franchise et l'abandon de certains chroniqueurs ignorés jusqu'à nos jours et dont les ouvrages, imprimés depuis peu d'années, jettent une lumière nouvelle sur bien des événements mal connus du XIVe siècle. Au premier rang de ces écrivains libres et non sans mérite, nous devons placer l'auteur anonyme d'un récit qui s'étend de 1327 à 1393, et qu'un savant paléographe, M. Siméon Luce, a publié en 1862 sous ce titre : *Chronique des quatre premiers Valois*. C'était, à ce que l'on croit, un prêtre de Rouen, très attaché

(1) Dont ils se bornaient à compléter la narration, çà et là, par quelques épisodes, comme le procès d'Enguerrand de Marigny.

(2) La quatrième rédaction des *Grandes Chroniques*, s'étendant jusqu'en 1380, a été publiée par Paulin Paris (1836-1838, 6 vol. in-12)

aux privilèges de l'Église, non moins dévoué à ceux de sa province, et un partisan modéré des classes populaires, comme son contemporain Jean de Venette.

« Iceste victoire (dit-il quelque part) (1) eurent les Francoiz sur le captal est les Gascons et Angloiz que l'on tient à des meillieurs guerroiers du monde. Laquelle ne fut pas faicte par les haulz et nobles hommes, mais elle fut faicte par petite gent et povres hommes. Et pour ce ne doit on pas avoir povre homme d'onneur en despit ne vil le tenir. »

TRADUCTION. — « Cette victoire fut remportée par les Français sur le captal et les Gascons et les Anglais, que l'on tient pour les meilleurs guerriers du monde. Elle fut due non point aux hauts et nobles hommes, mais aux petites gens et pauvres hommes. Aussi ne doit-on dédaigner pauvre homme d'honneur, ni le tenir pour vil. »

Ce chroniqueur était aussi un bon Français, tout son livre le prouve. Ajoutons que ses préférences et ses passions personnelles ne l'empêchent ni d'être modéré, ni d'être juste. Aussi, sans trop lui reprocher des fables et des erreurs que sa crédulité ou son ignorance ne lui a pas permis d'éviter, voyons-nous dans son livre un des documents les plus attachants et les plus respectables qui nous restent sur l'histoire de la France au XIVe siècle.

L'aristocratie eut pour sa part à cette époque un annaliste brillant dans la personne de ce Jean le Bel, dont les *Vrayes Chroniques*, bien souvent invoquées depuis cinq cents ans, ont été mises à la por-

(1) P. 242 de l'édition Luce.

tée du public seulement de nos jours. Si nous le citons le dernier, c'est qu'il fut le véritable précurseur, mieux encore, l'inspirateur de Froissart, dont nous allons tout à l'heure étudier la vie, l'œuvre et le caractère. C'était un noble et riche chanoine de Liège, qui menait un train de prince et qui, après avoir quelque peu guerroyé dans sa jeunesse, employa ses loisirs ecclésiastiques à s'enquérir des grands événements de son temps. Il avait vu de près Edouard III et sa cour, il avait vécu dans l'intimité de seigneurs illustres et puissants qui, comme Jean de Hainaut, sire de Beaumont, lui avaient fourni les renseignements les plus sûrs et les plus précieux. Il mourut en 1370, à quatre-vingts ans passés, laissant un récit mouvementé, dramatique, romanesque par endroits (1), mais partout attrayant, des grands faits politiques ou militaires dont la France, l'Angleterre, l'Écosse, les Pays-Bas avaient été le théâtre, de 1326 à 1361. Il ne faut demander à cet historien ni une sagacité à toute épreuve, ni une impartialité parfaite. Il accueille bien des anecdotes suspectes; entre le roi de France et le roi d'Angleterre, dont il nous conte la lutte, il incline visiblement vers le dernier (2), non sans garder, il est vrai, une certaine indépendance de jugement. Mais son livre (3) est,

(1) *V.* notamment les chapitres relatifs à la violente passion d'Edouard III pour la comtesse de Salisbury.

(2) Du moins dans la partie de sa *Chronique* antérieure à 1345, époque où son patron, Jean de Hainaut, passa au service de Philippe de Valois et à partir de laquelle son récit semble émaner surtout de sources françaises.

(3) Publié par M. Polain en 1863 (Bruxelles, 2 vol. in-8°).

en somme, l'essai d'histoire générale le plus vivant, le plus coloré qui ait été écrit avant Froissart. C'est, du reste, à Jean le Bel que ce grand chroniqueur a emprunté, non sans indiscrétion, le début de son propre ouvrage, et le meilleur éloge qu'on puisse faire du chanoine liégeois, c'est que son œuvre, insérée presque textuellement dans celle de son successeur, ne la dépare pas.

CHAPITRE II

FROISSART. — SA VIE.

S'il est un auteur dont la vie explique l'œuvre, c'est assurément Froissart. Joinville et Villehardouin, qui étaient avant tout gens de guerre, n'étaient pas nés chroniqueurs. Ils ne le sont devenus que par occasion et n'ont écrit que par passe-temps. Froissart, bourgeois et lettré, eut la vocation et le tempérament d'un trouvère. S'il eût vécu au XIIIe siècle, il eût fait des *Chansons de gestes* ou des *Romans de la Table ronde.* Un penchant irrésistible le poussa dès l'enfance à s'enquérir d'aventures chevaleresques et de belles apertises d'armes pour en transmettre le récit à la postérité. Point n'était besoin pour en trouver qu'il remontât aux légendes d'Arthur ou de Charlemagne, dont le public commençait d'ailleurs à se lasser. Le duel mémorable de la France et de l'Angleterre, dont il fut contemporain, ne lui offrait-il pas la matière d'une épopée autrement émouvante que ces fictions héroïques, mais un peu démodées ? Témoin passionné d'une guerre qui, par elle-même et par ses contre-coups, ébranlait tout l'Occident, il se donna, tout jeune encore, la tâche d'en retracer non seulement les grandes scènes, mais jusqu'aux moindres épisodes. Son existence ne fut qu'un long voyage d'informations. Ses amitiés furent avant tout pour lui des moyens de former, d'accroître sans relâche le bagage des renseignements originaux d'où devait sortir son incomparable chronique. Aussi, pour le bien apprécier comme historien, la première condition est-elle de savoir comment il a vécu. Si sa qiographie, malgré de savantes publications, présente encore de profondes lacunes, du moins n'ignorons-nous rien de ce qu'il est essentiel de connaître pour le juger avec équité. Lui-même s'est raconté avec la plus charmante complaisance, en prose et en vers, dans toutes ses œuvres. Nombre de documents exhumés par l'érudition moderne nous éclairent en outre sur certains points de sa vie, que lui-même a laissés dans l'obscurité (1).

Jean Froissart naquit à Valenciennes en 1337, c'est-à-dire au moment même où allait commencer la guerre de Cent Ans. Le comté de Hainaut, dont faisait partie cette ville, ne dépendait pas du royaume de France. Il n'en était pas moins français de langue et de mœurs. Mais les fluctuations de la politique l'éloignaient et le rapprochaient

(1) Les principaux ouvrages à consulter sur la vie de Froissart sont, indépendamment de ses poésies et de sa *Chronique* : 1° *Mémoires sur la vie et les ouvrages de Jean Froissart*, par de la Curne de Sainte-Palaye (*Mémoires* de l'Académie des inscriptions et belles-lettres, t. X, XIII et XIV); 2° Kervyn de Lettenhove, *Étude sur Froissart et le* XIVe *siècle* (Bruxelles, 1857, 2 vol.); 3° Kervyn de Lettenhove, *Introduction à l'édition de Froissart* (t. I, Bruxelles, 1870); 4° Paulin Paris, *Nouvelles recherches sur la vie de Froissart* (Paris, 1860); 5° Pinchart, *la Cour de Jeanne et de Wenceslas*.

tour à tour de la cause des Valois. C'est ce qu'il importe de ne point perdre de vue, pour n'être pas injuste envers notre chroniqueur. Quel rang tenait sa famille ? On ne le sait au juste. Le nom de Froissart était très répandu dans le Hainaut, et notamment sur les terres de Beaumont, dont le seigneur, après avoir encouragé, comme on l'a vu, le talent de Jean le Bel, put bien favoriser le génie naissant de son continuateur. On a dit que ce dernier, grâce à une naissance illégitime, se rattachait peut-être à la noblesse. Mais cette assertion n'est rien moins que prouvée. Certain passage d'une de ses *pastourelles* (1) a donné, d'autre part, à penser que son père s'appelait Thomas et était peintre d'armoiries. Mais ce sont des vers allégoriques, d'où il n'est permis de rien conclure avec certitude. Ce qui paraît établi, c'est qu'il appartenait à une famille aisée et que, dès son âge, il n'aimait à vivre qu'avec les riches. L'aristocratie l'attirait, le séduisait. Le peuple, la *ribaudaille*, comme il dira plus tard, ne lui inspirait que dédain.

Froissart a écrit, vers l'âge de trente ans, un poème de plus de quatre mille vers, l'*Épinette amoureuse*, où il retrace toute son enfance et sa première jeunesse. Il n'avait pas douze ans, nous dit-il, qu'il était déjà *fortement goulousant de voir danses et quarolles*, courtisait innocemment les fillettes qu'il

(1) On appelait ainsi de petits poèmes, presque toujours allégoriques et d'un goût assez fade, où la nature rustique n'était pas plus fidèlement reproduite qu'elle ne l'est dans nos pastorales du XVIIIe siècle.

voyait à l'école et se demandait quand viendrait pour lui *le temps d'aimer par amour*. C'était déjà, ce qu'il fut toute sa vie, un esprit facile, un caractère léger et enjoué, un tempérament porté au plaisir. Comme on n'a, nous dit-il, *qu'un petit à vivre*, au moins faut-il vivre gaiement. On le mit au latin. Mais il n'y mordit guère, s'il faut l'en croire. Il s'échappait sans cesse de la maison, courait les rues, rentrait les vêtements déchirés, était battu et recommençait le lendemain. En grandissant, il prit goût non point aux langues anciennes, mais à la poésie des trouvères, lut force romans de chevalerie et s'essaya lui-même au métier de rimeur. Quand le temps d'aimer fut venu, il ne faillit point à sa vocation. Vénus lui apparut en songe pour lui annoncer qu'il servirait une beauté si parfaite et si noble qu'il n'était *empereur, roi, ni comte jusqu'à Constantinople*, qui ne dût s'estimer heureux d'être son esclave. Vénus n'avait point menti. Froissart vit la belle, l'adora, gagna d'abord ses bonnes grâces en lui prêtant le roman de *Cléomadès* et composa pour elle force rondeaux, lais, virelais et autres pièces fugitives dans le goût allégorique et pastoral de l'époque. Combien dura cette passion dont l'exaltation perce sous chaque vers de son long récit ? plusieurs années sans doute. Mais, un jour, le pauvre soupirant apprend que sa princesse va se marier avec un autre. Que faire ? Il commence par tomber malade ; il est sur le point d'en mourir. C'est alors que sa famille, pour le guérir, a l'idée de le faire voyager. Muni de bonnes recommandations, il passe la mer et va se présenter à la reine d'Angleterre, Philippe de Hainaut (1), qui, ravie de faire du bien à un compatriote, l'accueille avec la plus grande bonté, mais, désespérant de le consoler, finit par lui conseiller d'aller retrouver sa divinité. Froissart obéit, il revoit l'objet de son amour. Mais, quoi qu'il puisse faire, dire ou chanter, le bonheur qu'il poursuit lui échappera et le souvenir de sa déception lui restera sur le cœur jusque dans sa vieillesse.

Il ne faut pas, croyons-nous, prendre au pied de la lettre cette touchante histoire. On doit, dans des récits de cette nature, faire la part de l'imagination et du *métier* poétique. Froissart a sans doute transformé en passion une simple amourette et en princesse quelque petite bourgeoise de Valenciennes. Ce qu'il y a de certain, c'est que le chagrin n'altéra point sa bonne humeur et qu'il eut d'autres amours. Ce qui est également prouvé, c'est qu'il était allé en Angleterre, non pas seulement pour oublier ses peines de cœur, mais pour chercher fortune, et qu'il avait réussi.

C'est en 1361, à vingt-quatre ans, qu'il avait passé à Londres. Lui-même nous dit dans le prologue de sa chronique qu'il était allé à cette époque porter à la reine Philippe, qui en accepta l'hommage, son premier essai historique. Ailleurs, il nous apprend que l'excellente princesse le retint à son service et

(1) Jean, seigneur de Beaumont et frère du comte Guillaume de Hainaut, avait puissamment aidé, en 1326, Isabelle de France, reine d'Angleterre, à renverser Edouard II et à mettre sur le trône Edouard III. Aussi avait-il pu, dès 1327, faire épouser à ce dernier sa nièce Philippe.

qu'il passa près d'elle cinq années, sans autre fonction, à ce qu'il semble, que de faire des vers. C'est sans doute à ce moment qu'il entra dans les ordres. Ce n'était point assurément par vocation pieuse, car, si Froissart ne fut pas un mécréant, on ne voit pas d'autre part qu'il ait jamais pris au sérieux sa profession d'homme d'église. C'était pour s'assurer dans la société des grands la considération et les égards que son talent seul ne lui aurait pas valus, et que le clergé obtenait sans peine pour le plus humble de ses membres

Le calcul était bon, et le jeune poète n'eut dès le début qu'à se louer de la cour d'Angleterre.

Froissart s'entendait à merveille à se faire des amis. C'était un vrai poète de cour, enjoué, gracieux, tournant ingénieusement la louange, sollicitant et flattant sans bassesse. Les *dittiés* d'assez longue haleine qu'il composa pendant son séjour en Angleterre (*la Cour de mai*, le *Paradis d'amour*, l'*Horloge amoureuse*, etc.) (1), lui valurent de bonne heure la réputation d'un bel esprit. Ses poésies de circonstance (lais, virelais, pastourelles, etc.) étaient la menue monnaie dont il achetait la bienveillance et la protection des grands. C'est ainsi qu'il gagna les bonnes grâces du roi de France Jean le Bon, qui revenait, vers la fin de 1363, se constituer prisonnier en Angleterre, et de plusieurs seigneurs

(1) Les poésies de Froissart ont été publiées assez récemment par M. Auguste Scheler (Bruxelles, 1871, 2 vol.). Les principales l'avaient déjà été en 1829 par Buchon en tête de sa première édition des *Chroniques* (*Collection des Chroniques nationales françaises*, t. X).

français qui y étaient alors retenus comme otages. Mais l'aristocratie britannique tenait à ce moment, et de beaucoup, la meilleure place dans ses affections, parce que c'était d'elle qu'il recevait le plus de bienfaits. Froissart suivait, dans ses déplacements, de château en château, cette cour d'Edouard III, à laquelle les récents succès de ce prince donnaient tant d'éclat et tant de prestige. Il était présent, par exemple, quand le Prince Noir prit congé de son père et de sa mère pour aller gouverner l'Aquitaine. Parfois aussi son humeur voyageuse l'entraînait assez loin de la famille royale. Il allait dans le pays de Galles ou ailleurs, et se faisait soigneusement conter, par les seigneurs qui l'hébergeaient, par leurs hérauts ou simplement par les compagnons de route que lui procurait le hasard, les traditions locales ou les incidents les moins connus des dernières guerres. Une fois (c'était en 1365), il poussa jusqu'en Écosse, monté sur ce cheval et suivi de ce lévrier auxquels il prête, dans un de ses poèmes, un dialogue presque digne du bon La Fontaine. Le roi David le reçut avec honneur, les Douglas le fêtèrent dans leur château de Dalkeith. Il visita les coins les plus sauvages des Highlands (1), et, après trois mois de séjour, partit avec la plus précieuse moisson d'informations historiques.

Il résulte de certains documents mis en lumière de nos jours, que ses fonctions de *clerc de la reine* ne l'empêchaient pas de passer la mer de temps en

(1) Ou hautes terres. C'est la partie la plus septentrionale et la plus montagneuse de l'Ecosse.

temps. Il parcourut, en 1364, vers l'époque du sacre de Charles V, une partie de la France. Mais il n'avait fait en somme que d'assez courtes excursions hors de l'Angleterre, lorsqu'il quitta ce pays, en 1366, pour aller résider à Bordeaux auprès du prince de Galles. Le vainqueur de Poitiers tenait en Aquitaine une cour aussi somptueuse que celle d'Édouard III. Froissart, accueilli par lui avec bienveillance, nous raconte qu'il vit naître (en janvier 1367), l'enfant qui devait être l'infortuné Richard II.

« ... Je estoie en la cité de Bourdeaulx et séant à table, quant le roy Richart fut nés, lequel vint au monde par un mercredi sur le point de dix heures. Et à celle heure que je dy, vint messire Richart de Pont-Cardon, mareschal pour ce temps d'Acquitaine, et me dist : « Froissart, escripvés et mettés en memoire que madame la princesse est acouchie de ung beau fils qui est venu au monde en jour de roy, et si est fils de roy, car son pere est roy de Galice.... sicques par raison il sera encoires roy... » (Froissart, édit. Kervyn de Lettenhove, t. XVI, p. 234 (1).)

TRADUCTION. — « J'étais en la cité de Bordeaux et assis à table quand naquit le roi Richard, qui vint au monde par un mercredi, sur le point de dix heures. Et à cette heure que je dis vint messire Richard de Pont-Chardon, alors sénéchal d'Aquitaine, qui me dit : « Froissart, écrivez et mettez en mémoire que madame la princesse est accouchée d'un beau fils, qui est venu au monde le jour des Rois, et il est aussi fils de roi, car son père est roi de Galice, aussi par raison sera-t-il encore roi... »

Quelques semaines après, le Prince Noir marchait, à la tête d'une grosse armée, vers l'Espagne, où il

(1) Toutes nos citations des *Chroniques* de Froissart sont extraites de l'édition Kervyn de Lettenhove et s'y réfèrent.

allait restaurer Pierre le Cruel, roi de Castille, récemment renversé par Henri de Transtamare et par du Guesclin. Froissart le suivait et espérait bien voir de ses yeux les grands coups qui allaient être frappés. Mais, arrivé à Dax, on ne sait pourquoi, il reçut l'ordre de retourner en Angleterre. Il obéit et ne tarda pas, en allant visiter l'Italie, à se dédommager de n'avoir pas vu l'Espagne.

Au commencement de 1368, Lionel, duc de Clarence, second fils d'Édouard III, partait pour épouser une fille du duc de Milan. Il emmenait le poète Chaucer. Le poète Froissart n'eut garde de se laisser oublier. Il fut donc de l'escorte princière, qui comptait plus de quatre cents personnes, et qui, après avoir assisté à de grandes fêtes données à Paris par le roi Charles V, passa les Alpes et atteignit en mai la Lombardie. A la suite des noces, où il fut donné à Froissart de voir Pétrarque, notre chroniqueur, au lieu de reprendre le chemin de la Grande-Bretagne, alla voir le comte de Savoie, dont les largesses le réjouirent fort et le mirent en état de pousser sa pointe jusqu'au milieu de la péninsule. A petites journées, il parcourut le Milanais, atteignit Bologne, puis Ferrare, où le roi de Chypre, qu'il charma sans doute par ses poésies, lui fit compter *quarante ducats l'un sur l'autre*, et enfin séjourna plusieurs mois à Rome, où il vit l'empereur de Constantinople, Jean Paléologue, et où le pape Urbain V et les cardinaux le traitèrent avec les plus grands égards.

Il en était là de ses voyages quand lui parvint la

nouvelle d'un triste événement, qui allait changer le cours de sa vie. La reine Philippe, sa bienfaitrice, venait de mourir (15 août 1369). Privé de cet appui, Froissart ne crut pas devoir rentrer en Angleterre. Le lien qui l'attachait à ce pays ne fut point rompu, sans doute ; mais il devait, à partir de cette époque, se relâcher, comme on va voir, de plus en plus. L'ancien clerc de la reine regagna tristement, non pas Londres, mais Valenciennes, en prenant le chemin le plus long, car sa douleur ne put le rendre insensible à l'attrait de l'Allemagne, pays nouveau pour lui et qu'il prit le temps de visiter en détail.

Quand il se retrouva dans son pays natal, il eut, à ce qu'il semble, quelque hésitation sur le parti qui lui restait à prendre. Il avait en ce moment trente-deux ans. Insouciant comme un trouvère, s'il avait fort couru le monde et reçu beaucoup de bienfaits, il n'en était pas plus riche. Il avait mené grand train, dépensé sans compter. L'argent ne pouvait demeurer entre ses mains. Car il *savait trop bien*, dit-il, *s'en délivrer*. Il fallait pourtant vivre. Est-ce à cette époque que Froissart eut l'idée de renoncer aux lettres pour se livrer au négoce ? Nous inclinerions à le croire. Il fait à cette fantaisie une allusion assez claire dans le long poème du *Buisson de jeunesse* (qu'il écrivit vers la fin de 1373). Il n'était pas mieux *taillé*, nous dit-il, pour le commerce que pour le métier des armes, et il le sentit bien. La Philosophie, raconte-t-il dans le même ouvrage, lui apparut en songe et lui remontra qu'il ne devait songer qu'à la gloire. La gloire, il l'atteindrait en écrivant, pour la postérité, l'histoire dont il avait déjà les éléments en main.

Que faut-il croire de tous ces bavardages poétiques ? Nous ne savons au juste. Ce qui paraît à peu près prouvé, c'est que c'est entre 1369 et 1372 que Froissart mit en ordre les matériaux qu'il avait amassés et rédigea la première partie de cette histoire contemporaine dont le manuscrit offert à la reine Philippe en 1361 n'avait été que l'embryon. Le succès de cette chronique, si colorée, si vivante, où les héros de la grande guerre pouvaient se reconnaître à chaque page, fut dès le premier jour très vif. Froissart se sentit affermi dans sa vocation de chroniqueur, et les protecteurs dont il avait besoin pour continuer son œuvre ne lui manquèrent pas.

Il faut seulement remarquer qu'à dater de cette époque, l'ancien client d'Édouard III et du Prince Noir eut surtout pour patrons des amis de la France, ou même des Français. En 1369, il subissait encore l'influence britannique, puisqu'il commença sa chronique à la prière de Robert de Namur, seigneur wallon dévoué sans réserve à la couronne d'Angleterre. A partir de l'année suivante, des bienfaits qui se multiplient rapidement l'attachent à un prince que ses traditions de famille rapprochent au contraire de la France. C'est Wenceslas de Luxembourg, duc de Brabant, fils de ce roi Jean de Bohême qui s'était fait tuer pour nous à Crécy et oncle maternel de Charles V. Ce personnage, très peu belliqueux, mais fort amoureux de poésie, protecteur de Guillaume de Machau et d'Eustache Deschamps (1), connaissait Froissart de longue date et lui avait donné des gages de son estime. Notre auteur acheva de gagner ses bonnes grâces, en 1372, par le long poème de la *Prison amoureuse*, où il célébrait la délivrance de Wenceslas, que le duc de Gueldre avait quelque temps retenu prisonnier. Dès lors, il fut le poète favori du duc de Brabant et l'hôte toujours bien reçu de la cour de Bruxelles.

Dans le même temps, un autre seigneur, français de cœur et de naissance, lui assurait aussi son amical appui. Le comte Guy de Blois, fils du comte Louis qui avait péri à Crécy, neveu de ce Charles de Blois que nous avions soutenu en Bretagne, était lui-même un vaillant soldat et servait de son mieux la maison de Valois. Par sa mère, il était petit-fils de Jean de Beaumont (2), possédait les fiefs que ce seigneur avait eus en Hainaut, en Brabant et en Hollande. Ce gentilhomme, qui s'intéressait passionnément à la gloire de son pays, de la noblesse française et de sa propre maison, fut un des protecteurs les plus éclairés et les plus généreux de Froissart.

C'est sans doute grâce au comte de Blois que notre chroniqueur obtint, vers 1373, la cure des Estinnes-au-Mont, localité alors assez importante, aux environs de Mons. C'était un fort beau bénéfice, qui lui

(1) Poètes français fort populaires à la fin du XIVe siècle.
(2) V. plus haut, p. 16, 20, 22.

assura une large aisance. Froissart fut-il un très bon curé ? Nous n'oserions l'affirmer. Une forte part de ses rentes passait, nous dit-il, chez les taverniers de l'endroit. Le reste était employé surtout aux recherches historiques qu'il faisait exécuter sans relâche dans toute la France et dans les pays voisins. Il vécut ainsi fort tranquillement aux Estinnes une dizaine d'années, partageant son temps entre les plaisirs, les devoirs de sa charge et la continuation de son grand ouvrage. C'est pendant cette période qu'il termina le premier livre de sa chronique, qu'il en accomplit laborieusement la révision, qu'il le rédigea de nouveau d'un bout à l'autre et qu'il amassa les premiers matériaux du second. Qu'on ne croie pas, du reste, que ses préoccupations d'annaliste lui fissent oublier la poésie. Les rondeaux et les pastourelles continuaient à se multiplier sous sa plume. Le duc de Brabant, qu'il allait voir souvent à Bruxelles, entretenait en lui avec amour la verve du trouvère. Il faut dire que l'excellent Wenceslas n'était point absolument désintéressé, car il rimait lui-même, peut-être avec plus de bonne volonté que de succès, et n'était point fâché sans doute d'avoir sous la main un homme d'esprit et un lettré comme Froissart, pour lui rhabiller ses vers. Nous savons qu'il le chargea de revoir et de réunir toutes ses poésies, et que le curé des Estinnes les inséra, comme autant d'épisodes, dans le roman de *Méliador*, ou du *Chevalier au soleil d'or*, qui lui coûta plusieurs années de travail. Le pauvre Wenceslas, du reste, ne le vit point achever, car il mourut en 1383, et *Méliador* (1) ne fut terminé que l'année suivante.

Jusque-là Froissart s'était partagé entre les deux influences de Brabant et de Blois. A partir de 1383, il n'appartint plus qu'au comte Guy. Ce dernier lui fit échanger sa cure contre un bon canonicat à Chimay, ville dont il était seigneur et, ne voulant pas se séparer de lui, le prit pour chapelain. Notre chroniqueur suivit dès lors son maître dans ses fréquents voyages, ce qui n'était pas pour lui déplaire. C'est ainsi qu'en 1384, 1385 et 1386, il fit d'assez longs séjours dans le Blaisois et put, de sa personne, recueillir dans les provinces de l'ouest de la France les plus précieuses informations. Dans cette dernière année, nous le voyons à l'Écluse, en Flandre, où il assiste aux préparatifs de la descente en Angleterre projetée par le roi Charles VI. Peu après ou peu avant, il accompagne à Riom, en Auvergne, le fils de son seigneur, qui va épouser une fille du duc de Berry, et il ne manque pas de célébrer les noces par un volumineux poème (2). En 1387, il semble qu'il soit resté plus sédentaire. C'est sans doute le temps où il rédige le second livre de sa chronique. Mais, l'année d'après, il n'y peut tenir ; il faut qu'il parte. Une trêve vient d'être conclue entre la France et l'Angleterre. Il n'y a plus rien à voir ou à attendre dans le nord. Or, comme il ne veut point *être oiseux* et qu'il tient à s'enquérir par lui-même des *lointaines*

(1) Ce poème n'a jamais été imprimé. On n'en a pas retrouvé un seul manuscrit.

(2) *Le Temple d'honneur*, qui comprend 1076 vers.

besognes, c'est-à-dire des guerres de Gascogne, d'Espagne et de Portugal, dont il n'a ouï parler que fort vaguement, il se décide à faire le voyage des Pyrénées.

« Entrues que je avoie, Dieu marchy, mémoire, sens et bonne souvenance de maintes choses passées, engin cler et agu pour concepvoir tous les fais dont je pourroie estre infourme touchans à ma principale matière, aige, corps et membres pour souffrir payne et traveil, me advisay que pas ne vouloie séjourner de non poursieuvir ma matière. » (T. XI, p. 2.)

TRADUCTION. — « Tandis que j'avais, Dieu merci, mémoire, sens et bonne souvenance de maintes choses passées, esprit clair et vif pour concevoir tous les faits dont je pourrais être informé touchant ma principale matière, âge, corps et membres pour supporter peine et travail, je m'avisai que je ne voulais point remettre la continuation de mon ouvrage. »

C'est chez le comte de Foix et de Béarn, Gaston, dit Phœbus (1), que Froissart résolut de se rendre. C'était le plus puissant des seigneurs du Midi. La noblesse d'Espagne affluait à sa cour aussi bien que celle de France. Il était lettré (2), prisait l'histoire et la poésie. Puis, il avait une réputation de magnificence et de largesse qui n'était pas pour éloigner le chanoine de Chimay. Froissart se mit donc en

(1) Né en 1332, mort en 1391. Il était célèbre non seulement par sa beauté (qui lui avait valu son surnom) et par son esprit, mais par sa violence et ses cruautés.

(2) Il avait lui-même écrit un traité des *Déduits de la chasse* qui eut longtemps une grande vogue et dont le style, quelque peu alambiqué, a, dit-on, donné naissance à cette expression : parler ou écrire en *phébus*.

route vers la fin de 1388, muni de bonnes lettres de recommandation que lui avait données le comte de Blois et menant même en laisse quatre beaux lévriers pour les offrir à Gaston au nom de son maître.

Il a raconté tout au long cet agréable voyage au commencement de son troisième livre. Ce récit charmant est à lire d'un bout à l'autre, et ce serait le déflorer que d'essayer d'en faire l'analyse. Nous nous bornerons à faire remarquer que, tout en prenant partout ses aises, l'infatigable chercheur ne perdait pas une occasion de se faire conter sur la route tout ce que les pays qu'il traversait pouvaient avoir vu de batailles, d'embuscades, d'assauts, pendant les dernières guerres. Il eut la bonne fortune de *s'accointer* à Pamiers d'un chevalier du comte de Foix, qui allait le rejoindre à Orthez et dont la mémoire était une source intarissable d'histoires chevaleresques. On juge si Froissart l'écoutait et savait au besoin le faire parler. Il chevaucha dix jours avec lui. Messire Espaing de Lyon (tel était son nom) ne rencontrait pas un château, une rivière, une croix au bord d'un chemin, que cette vue ne lui inspirât un dramatique récit. Un jour que les deux voyageurs étaient dans la petite cité de Cassères,

« Entandis que les varlets soingnoient du soupper messire Espang de Lyon me dist ainsi : « Messire Jehan, alons veoir la ville. — Sire, respondy-je, il me plaist très-bien. » Adont nous cheminasmes au long de la ville et venismes tantost à une porte qui siet devers Palamininch, et passasmes oultre, si venismes sur les fossés. Le chevallier me monstra ung pan du mur de la ville et me dist : « Vées-vous ce mur illec ? — Oyl, sire, dis-je. Pourquoy le dites-vous ? — Pour tant, dist le chevallier, que vous perchevés bien qu'il est là endroit plus noeuf que l'autre ne soit. — C'est vérité, dis-je. — Or, dist-il, je vous diray par quelle incidence ce fu et quelle besoingne il y advint, il n'y a gaires plus de dix ans... » (T. XI, p. 31-32.)

TRADUCTION. — « Tandis que les valets s'occupaient du souper, messire Espaing de Lyon me dit ainsi : « Messire Jean, allons voir la ville. — Sire, répondis-je, je le veux bien. » Alors nous cheminâmes le long de la ville et vînmes tantôt à une porte qui donne vers Palaminy et passâmes outre et vînmes sur les fossés. Le chevalier me montra un pan du mur de la ville et me dit : « Voyez-vous ce mur-là ? — Oui, sire, dis-je. Pourquoi le dites-vous ? — Parce que, dit le chevalier, vous voyez bien qu'il y a là un endroit plus neuf que le reste. — C'est vrai, dis-je. — Or, dit-il, je vous dirai par quelle incidence cela fut et quelle chose y advint, il n'y a guère plus de dix ans... »

Chemin faisant, le bon chanoine s'enquiert parfois avec quelque sollicitude de l'état et des habitudes du comte de Foix. Il tient, par exemple, à savoir s'il est fort riche et s'il donne volontiers. Le chevalier lui ayant dit qu'il se tient à Orthez, *delez ses florins* (près de son trésor),

« Quand j'eus entendu ce que dit est, je demanday au chevallier se le conte de Fois tenoit grand nombre de florins... — « Par ma foy, dist-il, aujourd'hui, sachiés que le conte en a bien par trente fois cent mille, et n'est onques an qu'il ne donne bien soixante mille fleurins ou plus, car nul plus large grand seigneur en donner grans dons ne vit aujourd'hui. » Adont je luy demanday : « Sire, et à quels gens donne-il ces dons ? » Il me respondi : Aux estrangiers, aux chevalliers et escuiers qui vont et chevauchent par son païs, à hérauls, poursieuvans, ménestrels et à toutes autres gens qui parlent à luy. Nuls ne se part de luy sans ses dons, car qui les reffuseroit, il le courroucheroit. . » (T. XI, p. 51-52.)

TRADUCTION. — « Quand j'entendis ces mots, je demandai au chevalier si le comte de Foix avait grand nombre de florins... — « Par ma foi, dit-il, sachez qu'aujourd'hui le comte en a bien trente fois cent mille, et il n'est pas d'année qu'il ne donne bien soixante mille florins ou plus, car il n'est pas aujourd'hui un grand seigneur qui fasse plus largement de grands dons. » Alors je lui demandai : « Sire, et à quelles gens fait-il ces dons ? » Il me répondit : « Aux étrangers, aux chevaliers et écuyers qui vont et chevauchent par son pays, aux hérauts, poursuivants d'armes, ménestrels et à toutes autres gens qui lui parlent. Nul ne le quitte sans dons de lui, car qui le refuserait le courroucerait. »

Froissart se promit bien de ne pas courroucer l'illustre comte qui, dès qu'il le sut arrivé à Orthez, l'envoya chercher à l'hôtel de la Lune, où il était descendu, et lui fit le plus gracieux accueil. Gaston Phœbus lui dit que, sans jamais l'avoir vu, il le connaissait bien et le retint près de lui trois mois entiers, sans pouvoir se lasser de l'entendre. Chaque soir il le mandait vers minuit, heure de son souper, et, dans la grande salle du château, à la lueur de douze torches tenues par autant de valets, se faisait lire *Méliador*, dont le chanoine lui avait apporté un magnifique exemplaire. Quand le poète était las, le comte lui donnait à achever le vin de sa table et Froissart retournait à l'hôtel de la Lune. Il y fit la connaissance d'un ancien routier, nommé le Bascot de Mauléon (1), que maints brigandages avaient en-

(1) C'était un de ces chefs de *Grandes compagnies*, qui avaient si longtemps ravagé le centre de la France sous les règnes de Jean le Bon et de Charles V.

richi et qui, tout en vidant avec lui force flacons, lui contait avec orgueil ses lucratives prouesses. Le consciencieux chroniqueur ne manquait pas de mettre aussitôt par écrit les récits de cet étrange compagnon, comme il s'empressait naguère de rédiger chaque nuit ceux d'Espaing de Lyon. Puis il interrogeait avidement tous les hôtes du comte de Foix, enregistrait avec soin tous les détails des fêtes données au château d'Orthez et ne reculait pas devant d'assez longues excursions pour se procurer des émotions ou des nouvelles. Il allait, par exemple, jusqu'à Bordéaux pour assister à une joute. Bref, il était heureux, et l'on comprend la complaisance avec laquelle il s'est arrêté dans sa chronique sur cet épisode si brillant de sa vie.

Quand il n'eut plus rien à apprendre en Béarn, il prit congé de Gaston Phœbus, qui lui fit promettre de revenir et qui non seulement lui laissa son *Méliador*, mais lui donna pour sa route quatre-vingts beaux florins. Malheureusement, l'aimable chanoine, ayant jugé bon de s'arrêter à Avignon, pour voir le pape qui lui voulait du bien (1), perdit sa bourse et se fût trouvé dans l'embarras, si un trouvère insinuant comme lui n'avait conservé le secret de provoquer délicatement la libéralité des grands. C'est

(1) Ce pape d'Avignon, soutenu par la France contre le pape de Rome (on était à l'époque du *Grand Schisme*), s'appelait Clément VII. Il était fils de ce comte de Savoie qui avait si bien accueilli Froissart en 1368. Il avait occupé l'évêché de Cambrai, dont dépendait la cure des Estinnes. A peine parvenu au pontificat, il avait donné à notre chroniqueur *l'expectative* d'un canonicat à Lille (1378). Mais, malgré bien des réclamations, Froissart n'eut jamais ce bénéfice.

à ce moment, suivant toute apparence, qu'il composa le *Dit du florin*, élégant badinage en vers où, après avoir constaté avec esprit son impuissance absolue à retenir l'argent, énuméré ses bienfaiteurs et conté sa récente mésaventure, il exprime l'espoir que de hauts personnages, comme le sire de la Rivière ou le comte de Sancerre, ne le laisseront pas en peine.

Froissart était d'autant moins inquiet qu'il était de la suite d'une jeune et illustre dame, Jeanne de Boulogne, que le comte de Foix, son tuteur, envoyait en Auvergne, où elle allait épouser le duc de Berry (1). Une fois de plus il put assister à des noces princières. Inutile d'ajouter que, comme d'habitude, il paya ses hôtes d'une belle pastourelle.

Qu'on ne croie pas qu'après ce grand voyage le remuant chanoine fût déjà las de pérégrinations. De Riom, nous le voyons, dans l'espace de quelques mois, se rendre à Paris, puis au château de Crèvecœur en Cambrésis, où le sire de Coucy l'héberge pendant quinze jours, puis à Valenciennes, puis en Hollande, où il va rejoindre le comte de Blois, puis encore à Paris, où il assiste (le 20 août 1389) à l'entrée solennelle d'Isabeau de Bavière, et enfin dans le Languedoc, où il suit Charles VI et sa cour, de 1389 à 1390. Peu après, il court à Bruges et en Zélande, pour compléter ses notes. C'est alors seulement qu'il croit pouvoir entreprendre utilement la rédac-

(1) Le duc de Berry, deux fois veuf, avait cinquante ans. Jeanne de Boulogne, sa troisième femme, en avait douze.

tion de son troisième livre. Ce travail l'occupe environ deux ans. Mais, à peine y a-t-il mis la dernière main, qu'un besoin nouveau de déplacement s'empare de lui. Dès 1392, nous le retrouvons à Paris, en quête d'événements, qui, du reste, se pressent sous ses yeux. C'est pendant son séjour dans cette ville qu'a lieu l'attentat de Pierre de Craon contre le connétable de Clisson. Quelle aubaine pour un chroniqueur! Peu après, en 1393, apprenant les négociations qui viennent de s'ouvrir à Lolinghen entre la France et l'Angleterre, vite il court s'établir à Abbeville, pour s'en informer plus à son aise. Enfin, les deux États ayant fini par conclure une trêve à longue échéance, l'ancien clerc de la reine Philippe ne résiste pas au désir d'aller en toute sécurité revoir l'Angleterre, qu'il a quittée depuis près de vingt-sept ans. Son cœur s'attendrit. Il lui semble que s'il fait encore une fois ce voyage, *il en vivra plus longuement*. Il ne retrouvera plus, il est vrai, sa protectrice, ni le roi Édouard, ni le Prince Noir, ni la plupart des seigneurs qui jadis lui faisaient fête. Mais il verra du moins leurs héritiers. Il se réjouit à la pensée d'offrir ses hommages au roi Richard II, qu'il a vu naître et qui est maintenant un homme. Aussi fait-il exécuter à grands frais, pour la lui offrir, une belle copie de ses œuvres poétiques, qui *bien devra lui plaire*, car elle est *enluminée, écrite et historiée et couverte de velours vermeil à dix clous d'argent doré d'or, et roses d'or au milieu, et à deux grands fermaux dorés et richement ouvrés au milieu de rosiers d'or.*

Il a pourtant à Douvres (où il débarque en juillet 1394) un moment de tristesse. La ville est transformée, il n'y connaît plus personne. A Cantorbéry, où il rencontre le roi, il constate aussi avec douleur son isolement. Nulle figure amie ne se présente à lui. Mais, ayant suivi la cour dans diverses résidences, il finit par revoir des princes et des chevaliers qui ont été jadis ses patrons ou ses amis et qui se font un plaisir de le présenter au souverain. Froissart a la satisfaction de remettre en mains propres son livre à Richard II et constate non sans fierté que ce prince semble le feuilleter avec plaisir.

Le chanoine de Chimay, bien accueilli du roi, fut dès lors choyé par toute la cour. Il demeura, nous dit-il, trois mois auprès de Richard II. On n'a pas de peine à croire qu'il mit ce temps à profit pour se faire raconter, par les témoins les plus autorisés, les dernières guerres d'Écosse et d'Irlande, ainsi que les troubles les plus récents d'Angleterre, les luttes et la révolution qui devaient coûter à Richard et le trône et la vie. Il partit enfin et alla, non sans quelques pressentiments un peu tristes, saluer pour la dernière fois le fils du Prince Noir.

« ... Au prendre congié, dit-il, il me fist, par un sien chevallier, lequel on nommoit messire Jehan Bouloufre, donner un godet d'argent doré de fin or et pesant deux marcs largement, et dedens cent nobles d'or, dont je valus depuis mieulx tout mon vivant ; et suis moult tenu à pryer pour luy, et envis escripvy de sa mort... » (T. XVI, p. 234.)

TRADUCTION. — « Quand je pris congé de lui, il me fit donner par un de ses chevaliers, qu'on nommait messire Jean Golofre, un gobelet d'argent doré d'or fin et pesant deux marcs largement, et dedans cent nobles d'or, dont je valus mieux depuis toute ma vie ; et je suis bien tenu à prier pour lui, et c'est à regret que j'écrivis sa mort... »

Froissart était sans doute rentré à Chimay, ou à Valenciennes, au commencement de 1395. Fit-il encore d'autres voyages? C'est possible; mais nous l'ignorons. A partir de cette époque, sa vie devient pour nous tout à fait obscure. Nous savons seulement par lui-même qu'il perdit, en 1397, son bienfaiteur Guy de Blois, et que les protecteurs ne manquèrent pas plus à sa vieillesse qu'à son âge mûr et à sa jeunesse. Il semble résulter de certains passages de sa chronique qu'il fut principalement patronné dans ses dernières années par le comte de Hainaut, Aubert de Bavière, et par son fils, Guillaume, qui lui succéda en 1404. Il employa la dernière partie de sa vie à rédiger son quatrième livre et à reviser le début du grand ouvrage qui, comme il l'espérait, devait recommander son nom à la postérité. A quel moment mourut-il ? On ne le sait au juste. Quelques auteurs, sans aucune preuve, étendent son existence jusqu'en 1419, et même plus loin. Il est très vraisemblable qu'elle ne dépassa pas l'année 1410, date que l'on assigne d'ordinaire à sa mort. Il fut enterré dans l'église de Sainte-Monegonde de Chimay, dont il était chanoine. Mais, par suite des transformations qu'a subies cet édifice, toute trace de sa sépulture a depuis longtemps disparu. Un portrait du XVe siècle, conservé à la bibliothèque d'Arras, nous le représente à l'époque de sa vieillesse. Mais il importe peu, croyons-nous, que ses restes soient ou ne soient pas retrouvés, et même que l'art ait plus ou moins fidèlement reproduit ses traits. Froissart, dans ses œuvres, s'est peint lui-même à tous les âges, avec un coloris impérissable, et, en écrivant sa chronique, il s'est élevé de sa main un monument qui doit préserver à jamais son nom de l'oubli.

CHAPITRE III

FROISSART (*suite*). — ANALYSE DE SES CHRONIQUES.

L'analyse des chroniques de Froissart offre une double difficulté, que nous devons tout d'abord expliquer au lecteur.

La première provient de la multiplicité des formes sous lesquelles cet ouvrage est arrivé jusqu'à nous. Nous n'avons pas, en effet, un texte de Froissart, nous en avons au moins cinq ou six, également authentiques et entre lesquels existent, non seulement pour la rédaction, mais pour le fond même du récit, de très notables différences. L'auteur recueillait sans relâche, sur les événements déjà racontés par lui, des informations nouvelles, retouchait, augmentait, resserrait, recommençait son œuvre, pour la rendre plus digne de la postérité. Peut-être aussi, sans trahir la vérité, changeait-il un peu de point de vue en changeant de protecteurs et mettait-il certains faits en pleine lumière ou dans la pénombre, avec une complaisance presque inconsciente, suivant que tel ou tel patron devait recevoir l'hommage de ses manuscrits. Ces variations sont surtout sensibles et embarrassantes pour qui veut résumer le premier livre des chroniques. Froissart, qui l'avait d'abord écrit (de 1369 à 1378) en partie d'après Jean le Bel, en partie d'après ses recherches personnelles, mais sous des influences évidemment anglaises, l'a refait jusqu'à trois fois, effaçant de plus en plus, à chaque remaniement, la trace de ses emprunts, comblant les lacunes de sa première narration et s'inspirant surtout de témoignages français. Le second livre, qui n'était d'abord que le tableau des guerres de Flandre de 1379 à 1385, est devenu, grâce à de nombreuses intercalations, la suite naturelle de l'histoire générale qu'il avait entreprise, et a subi, encore plus tard, d'assez profonds remaniements. Le troisième se présente également à nous sous deux rédactions quelque peu différentes. Le quatrième seul n'a pas été retouché, sans doute parce que la mort n'a pas laissé au chanoine de Chimay le temps de le revoir et de le modifier. On comprend sans peine combien ces diverses révisions d'une même œuvre ont rendu malaisée la tâche des éditeurs. Ceux qui l'ont imprimée les premiers, au XVIe siècle, n'ont généralement reproduit que le texte le plus répandu et se sont beaucoup plus préoccupés de le rajeunir que d'en trouver d'autres (1). Il y a cent ans, le laborieux Dacier s'efforçait d'en constituer un plus satisfaisant par l'étude comparative des principaux ma-

(1) Froissart fut imprimé pour la première fois à Paris, vers 1495, par le libraire Antoine Vérard, qui en donna depuis deux nouvelles éditions, l'une vers 1497, l'autre en 1518. Il faut citer encore les éditions de 1505, 1514 et 1530, et surtout celle que publia Denis Sauvage, de 1559 à 1561, et qui est beaucoup préférable aux précédentes (Lyon, 4 vol. in-fol.). — Les *Chroniques* du chanoine de Chimay furent traduites en flamand dès le XVe siècle, en latin, en anglais et en espagnol dès le XVIe.

nuscrits et la combinaison des éléments qu'ils renferment. Interrompu par la Révolution, son travail fut repris sous la Restauration par Buchon, qui donna coup sur coup deux éditions de Froissart beaucoup moins imparfaites que les précédentes. On a pu, il est vrai, reprocher à ce savant d'avoir lui-même quelque peu modernisé la langue du chroniqueur et d'avoir ignoré ou laissé de côté des variantes de la plus haute importance (1). De nos jours, deux érudits, l'un Belge, l'autre Français, ont entrepris presque en même temps de publier un Froissart exact quant à la forme et complet quant au fond. Le premier, M. Kervyn de Lettenhove, a terminé son œuvre. Le second, M. Siméon Luce, mènera sans doute la sienne à bonne fin d'ici à quelques années (2). Malheureusement, ces éditions, précieuses pour

(1) La première édition de Buchon, qui date de 1824-1827, forme quinze volumes de la *Collection des Chroniques nationales françaises*; elle comprend un volume de poésies choisies de Froissart. La seconde ne remonte qu'à 1837 ; elle remplit trois volumes de la collection du *Panthéon littéraire* et se distingue de la première par des additions assez importantes.

(2) L'édition Kervyn de Lettenhove (Bruxelles, 1870-77) forme 29 volumes in-8°, dont trois comprennent les poésies de Froissart; elle renferme un glossaire fort étendu, deux dictionnaires, l'un pour les noms historiques, l'autre pour les noms géographiques, des pièces justificatives et des notes fort instructives ; elle débute par une étude très approfondie sur la vie et sur les manuscrits du chroniqueur. L'édition Luce, commencée en 1869, ne comprend jusqu'à présent que huit volumes in-8° (Paris, 1869-1887, publication de la Société d'histoire de France) et s'arrête pour le moment à l'année 1377. Elle semble dénoter encore plus d'érudition et de sens critique que la précédente. MM. Kervyn de Lettenhove et Siméon Luce ne sont pas d'accord sur tous les points de la biographie de Froissart et n'assignent pas les mêmes dates aux divers remaniements opérés par ce chroniqueur sur son œuvre. Après examen et comparaison, nous avons cru devoir adopter en général les opinions de l'éditeur français.

l'homme d'étude, ne sont pas d'une lecture commode pour la masse du public. Dans la première, les variantes et additions sont cousues bout à bout aux divisions du texte principal auxquelles elles correspondent ; dans la seconde, elles sont rejetées à la fin des volumes. Elles sont dans toutes les deux si nombreuses et si étendues, qu'on a presque constamment sous les yeux deux ou trois formes assez dissemblables des mêmes récits et qu'il en résulte pour l'esprit un peu de fatigue et parfois de confusion. On comprend que, dans l'analyse sommaire qui va suivre, nous ne puissions tenir compte que des plus importantes.

Nous devons ajouter qu'alors même que les chroniques dont il s'agit ici ne se présenteraient à nous que sous une seule forme, il serait encore malaisé de les résumer à la fois avec exactitude et avec clarté. En effet, outre que Froissart se répète souvent et qu'il serait fastidieux, dans une simple analyse, de revenir sur les mêmes faits à plusieurs reprises, nous ferons remarquer qu'il interrompt assez fréquemment son récit pour nous entretenir de lui-même et que les éléments de son autobiographie, épars en cent endroits de son ouvrage, ont été réunis par nous, du moins en substance, dans le chapitre précédent. Puis, il ne faut pas perdre de vue que, préoccupé de retracer dans un même tableau les destinées des principaux États de l'Occident, notre chroniqueur passe sans cesse de l'un à l'autre et ne se met pas du tout en peine des transitions. Il nous transporte continuellement de France en Angleterre ou en Écosse, d'Écosse en Flandre, en Bretagne, en Portugal ou en Italie, et croise un peu au hasard les fils brillants de ses multiples histoires, sans trop se demander s'ils formeront une trame bien régulière. Aussi, tout en respectant l'ordonnance générale de son ouvrage, demandons-nous au lecteur la permission de ne point le suivre pas à pas dans ses innombrables digressions et de nous en tenir, autant que possible, aux grandes lignes du drame qu'il s'est proposé d'écrire.

Froissart a eu pour but principal de raconter les *honorables emprises, nobles aventures et faits d'armes* auxquels a donné lieu la lutte de la France et de l'Angleterre, depuis l'avènement d'Édouard III et de Philippe de Valois, jusqu'à la mort de Richard II et au milieu du règne de Charles VI. S'il y rattache encore l'histoire particulière de certaines nations, c'est que ce duel formidable avait ébranlé une grande partie de l'Europe, que ces nations avaient embrassé la cause de l'une ou de l'autre des parties belligérantes, que celles-ci se retrouvaient souvent en présence bien loin de leurs propres frontières et que, par exemple, les batailles d'Écosse ou de Flandre n'étaient aux yeux du chroniqueur que des incidents de la grande guerre. Il y a donc dans son œuvre une unité de dessein que la multiplicité des épisodes et des hors-d'œuvre ne doit pas nous faire méconnaître.

Ce récit comprend quatre livres embrassant des périodes et retraçant des événements d'importance fort inégale.

Le premier, qui est de beaucoup le plus étendu,

est aussi le plus populaire, parce qu'il renferme l'histoire des faits les plus dramatiques et les plus retentissants du quatorzième siècle. Il s'étend de 1325 à 1378 et forme à lui seul comme une épopée distincte, qui a son prologue et sa conclusion.

L'auteur nous expose d'abord la révolution grâce à laquelle Isabelle de France, femme du roi d'Angleterre Édouard II, renverse son mari et lui substitue sur le trône son jeune fils Édouard III, la première guerre du nouveau roi contre ses voisins d'Écosse et les mesures violentes par lesquelles il se débarrasse des favoris de sa mère d'abord et de cette princesse ensuite. L'avènement de Philippe de Valois, ses succès contre les Flamands, l'humiliation de son rival, qui le reconnaît et lui rend hommage, sont la contre-partie de ce premier tableau. Les deux adversaires ont fait leur entrée dans l'histoire. Ils se mesurent du regard. Qui va les mettre aux prises ? Un transfuge de France, dont les encouragements triompheront non de ses scrupules (il n'en a guère), mais de ses hésitations. Robert d'Artois trouve Édouard engagé dans une nouvelle et pénible lutte contre les Écossais (que soutient déjà indirectement le roi de France). Il n'a pas de repos qu'il ne l'ait amené à revendiquer l'héritage de saint Louis. Bientôt les premiers coups sont portés en Flandre, en Aquitaine et sur les côtes d'Angleterre (1337-1338). Mais, avant de se jeter à corps perdu dans l'entreprise qu'on lui conseille, le prudent souverain veut s'assurer des alliés. Il vient donc acheter les princes des Pays-Bas, se fait nommer vicaire de l'empereur Charles IV et cherche surtout à capter les bonnes grâces de ce Jacques Artevelt, dictateur populaire de la ville de Gand, dont Froissart nous dépeint ainsi la toute-puissance :

« ... En ce temps, avoit ung homme à Gand qui avoit estet brassères de miels. Chils estoit entrés en si grant fortune et en si grant grasce à tous les Flâmens, que c'estoit tout fait et bien fait quanqu'il voloit deviser et commander par toute Flandres... et n'i avoit nullui, com grans qu'il fust, qui de riens osast trespasser son commandement, ne contredire. Il avoit toutdis apriès lui, alans aval la ville de Gand, LX ou IIII^XX varlés armés, entre lesquels il en y avoit II ou III qui savoient aucuns de ses secrés, et quant il encontroit un homme qu'il avoit en souspeçon ou qu'il haioit, cils estoit tantost tués ; car il avoit commandé à ses secrés varlés et dit : « Sitost que jou encontre un homme et je vous fai un tel signe, si le tués sans déport, com grans, ne com hauls qu'il soit, sans attendre plus aultre parolle... » Par quoi il estoit si doubtés que nuls n'osoit parler contre cose qu'il volsist faire, ne à painne penser de lui contredire... » (T. II, p. 416.)

TRADUCTION. — « En ce temps, il y avait un homme à Gand, qui avait été brasseur de miel. Il était entré en si grande fortune et en si grande faveur auprès de tous les Flamands que tout ce qu'il voulait bien dire et commander par toute la Flandre était fait et bien fait..., et il n'y avait pas un homme, quelque grand qu'il fût, qui osât outrepasser son commandement ou y contredire. Il avait toujours après lui, en allant par la ville de Gand, soixante ou quatre-vingts valets armés, dont deux ou trois savaient certains de ses secrets, et quand il rencontrait un homme qu'il avait en suspicion ou en haine, aussitôt, c'était un homme mort ; car il avait donné cet ordre à ses affidés : « Sitôt que je rencontre un homme et que je vous fais tel signe, tuez-le sans délai, quelque grand, quelque haut placé qu'il soit, sans plus attendre autre parole. » Aussi était-il si redouté que nul n'osait parler contre chose qu'il voulût faire, ni penser, qu'à grand'peine, à le contredire. »

Secondé par ses nouveaux amis, Édouard III, qui bientôt s'intitulera roi de France, vient attaquer à deux reprises, sans grand succès d'ailleurs, les frontières septentrionales de l'État qu'il appelle son héritage (1339-1340). Une trêve est conclue. Mais quelques mois à peine se sont écoulés et, grâce à la rivalité des deux maisons de Blois et de Montfort, qui se disputent la succession de Bretagne, les deux adversaires se retrouvent en présence au fond de l'Armorique (1341). L'Écosse prend feu de nouveau. Vainement les légats du pape s'entremettent et amènent encore une suspension d'armes. Les rigueurs de Philippe VI contre des traîtres et les incitations du réfugié français Godefroi d'Harcourt déterminent Édouard III à rentrer en lice. Dès 1345, les Anglais étendent leurs conquêtes en Guyenne d'une façon menaçante. L'année suivante, leur roi débarque en Normandie, dévaste toute cette province, passe en vue de Paris, puis, poursuivi par les Français, s'arrête froidement à Crécy et remporte, grâce à l'indiscipline toute féodale de ses ennemis, la plus éclatante victoire. Philippe s'enfuit presque seul et va frapper au milieu de la nuit, comme un vagabond, au château de la Broye.

« Quant il vint à la porte, il la trouva fermée et le pont levet, car il estoit toute nuis, et faisoit moult brun et moult espès. Adont fist li rois appeller après le chastellain, car il voloit entrer dedens : si fu appellés et vint avant sur les garites, et demanda tout en hault : « Qui est là, qui hurte à ceste heure ? » Li rois Phelippes, qui entendi le vois, respondist et dist : « Ouvrés, ouvrés, chastellain ; c'est li infortunés rois de France. » (T. V, p. 64.)

TRADUCTION. — « Quand il vint à la porte, il la trouva fermée et le pont levé, car il était nuit close, et il faisait très noir et très épais. Alors le roi fit appeler le châtelain, car il voulait entrer dedans. Il fut appelé et vint avant sur les guérites et demanda tout haut : « Qui est là qui heurte à cette heure ? » Le roi Philippe, qui entendit la voix, répondit et dit : « Ouvrez, ouvrez, châtelain, c'est l'infortuné roi de France. »

Le vaincu de Crécy n'était pas encore au terme de ses malheurs. Bientôt le long siège de Calais mit à l'épreuve le dévouement de ses sujets et sa propre impéritie. Ses alliés succombèrent en Écosse et en Bretagne, et son règne, si brillamment commencé, se termina dans le deuil, au milieu des horreurs de la *Peste noire*.

Les premières années du gouvernement de Jean le Bon sont racontées par Froissart fort sommairement et non sans quelque désordre. Il n'y a là que de menus faits, auxquels le chroniqueur ne semble s'intéresser que médiocrement. Mais, à partir de 1355, les événements terribles se multiplient, et il les suit de près avec la curiosité la plus passionnée. C'est d'abord la triomphante chevauchée du prince de Galles à travers le Languedoc, c'est l'arrestation dramatique de Charles le Mauvais par le roi Jean, son beau-père ; c'est l'occupation de ses châteaux en Normandie ; c'est surtout la journée de Poitiers, où pour la seconde fois sombre la fortune de la France. Avec une poignée d'hommes, le fils d'Édouard III triomphe, contre toute espérance, d'une armée formidable, et le fils du vaincu de Crécy, après avoir

Les bourgeois de Calais.

du moins sauvé l'honneur par une résistance héroïque, doit rendre son épée.

... « Là eut adont trop grant presse et trop grand bouteis sur le roy Jehan, pour le convoitise de li prendre, et li crioient cil qui le cognissoient et qui le plus priès de lui estoient : « Rendés vous, rendés vous, aultrement vous estes mort. »... Un chevalier de la nation de Saint-Omer, que on clamoit monsigneur Denis de Morbeke..., se avança en la presse, à la force des bras et dou corps, car il estoit grans et fort, et dist au roy en bon françois : « Sire, sire, rendés vous. » Li rois, qui se véoit en dur parti et trop enforciés de ses ennemis et ossi que la deffense ne li valoit més riens, demanda en regardant le chevalier : « A cui me rendrais-jou ? à cui ? Où est mon cousin le prince de Galles ? Si je le veoie, je parleroie. — Sire, respondi messires Denis de Morbeke, il n'est pas ci ; més rendés vous à moi, et je vous menrai devers lui. — Qui estes-vous ? dist li rois. — Sire, je sui Denis de Morbeke, uns chevaliers d'Artois, mès je siers le roy d'Angleterre, pourtant que je ne puis ou royaulme de France demourer et que je y ay fourfait tout le mien. » Adont respondi li rois de France : « Et je me rench à vous » ; et li bailla son destre gant... » (T. V, p. 453-454.)

TRADUCTION. — « Il y eut alors trop grande presse et trop grande poussée sur le roi Jean, pour la convoitise de le prendre, et ceux qui le connaissaient et qui étaient le plus près de lui lui criaient : « Rendez-vous, rendez-vous, autrement vous êtes mort. » Un chevalier du pays de Saint-Omer, appelé monseigneur Denis de Morbecque... s'avança dans la presse à la force des bras et du corps, car il était grand et fort, et dit au roi en bon français : « Sire, sire, rendez-vous. » Le roi, voyant qu'il était un dur parti et trop pressé de ses ennemis et aussi que la défense ne lui valait plus rien, demanda en regardant le chevalier : « A qui me rendrai-je ? A qui ? Où est mon cousin le prince de Galles ? Si je le voyais, je parlerais. — Sire, répondit messire Denis de Morbecque, il n'est pas ici, mais rendez-vous à moi et je vous mènerai vers lui. — Qui êtes-vous ? dit le roi. — Sire, je suis Denis de Morbecque, un chevalier d'Artois ; mais je sers le roi d'Angleterre, parce que je ne puis demeurer au royaume de France et que j'y ai encouru la perte de tout mon bien. » Alors le roi de France répondit : « Et je me rends à vous ; » et il lui donna son gant droit. »

L'épouvantable crise que subit la France par l'effet de cette catastrophe inspire ensuite à Froissart quelques-uns de ses plus beaux récits. S'il n'attache qu'une importance médiocre aux tentatives des États généraux pour réformer le royaume et s'il ne les rapporte que confusément, il retrace au contraire avec une vivacité et un éclat singulier les ravages des *Grandes Compagnies*, les horreurs de la Jacquerie, les intrigues du roi de Navarre, la réapparition d'Édouard III en 1359 et la chevauchée anglaise qui a pour résultat le désastreux traité de Brétigny. Il nous montre la France démembrée, mise à rançon par l'ennemi, ses vains efforts pour s'affranchir du brigandage militaire, qui désole ses plus belles provinces, et l'incroyable insouciance de son roi, qui parle de croisade et retourne gaiement mourir au milieu des fêtes chez ses ennemis.

Mais il saura bientôt conter aussi et nous faire comprendre le règne réparateur de Charles V. Ce *méchant roi*, comme l'appelle Édouard III, ne monte pas à cheval et ne joue pas au paladin. Mais il n'en a pas moins du cœur et de la tête. En moins d'un an, il pacifie la Normandie et la Bretagne. Puis il fait emmener les Grandes Compagnies en Espagne par du Guesclin qui, en quatre années de guerre (1365-1369), parvient à établir sur le trône de Castille un protégé de la France, Henri de Transtamare, désormais notre allié le plus fidèle. La revanche qu'il prépare de longue date est amenée enfin par l'appel des seigneurs d'Aquitaine qui invoquent son patronage contre le Prince Noir. Les possessions anglaises sont attaquées en France de toutes parts. Du Guesclin, devenu connétable, reconquiert, par force ou par ruse, la plus grande partie de nos provinces occidentales. Le vainqueur de Poitiers, épuisé par la maladie, va mourir prématurément en Angleterre. En six années de lutte, grâce à la sagesse du roi et à la tactique prudente de ses lieutenants, le royaume est presque entièrement débarrassé de l'étranger. Quand le vieil Édouard III meurt à son tour (1377), laissant la couronne à un enfant de dix ans, Charles V célèbre ses funérailles en portant la terreur sur le littoral britannique ; la guerre, interrompue depuis deux ans par la trêve de Bruges, reprend de tous côtés, et de nouveau la fortune, presque sur tous les points, semble vouloir favoriser nos armes.

C'est par le récit, — incomplet et un peu confus, — des deux campagnes qui suivirent cette réouverture des hostilités, que Froissart termine le premier livre de ses chroniques. Il le recommence au début du second, expose cette fois avec détail les conquêtes du duc d'Anjou en Guyenne (qu'il avait omises), et revient, avec un supplément d'informations, sur les démêlés du roi de France et du roi de Navarre, en

1378. Les débuts du *Grand Schisme* (1) et les troubles qui en résultent en France et en Italie ne l'arrêtent qu'un instant. Mais il donne plus d'attention aux guerres de Flandre et de Bretagne et suit jour par jour le comte de Buckingham (2) dans sa chevauchée de 1380, à travers nos provinces du nord et de l'ouest. A ce moment, du Guesclin, le bon connétable, vient de mourir devant Châteauneuf-de-Randon. Charles V, qui va le suivre de près dans la tombe, sent venir la mort et fait venir ses frères pour leur confier son jeune fils et leur donner les conseils les plus graves et les plus touchants pour la conduite du royaume, tant que durera l'enfance de son successeur.

Le roi mort, ses frères mettent pour ainsi dire le royaume en coupe réglée. Les charges publiques, loin de diminuer, s'accroissent. Aussi les soulèvements populaires deviennent-ils fréquents. A Paris, les *Maillotins* tiennent quelque temps le gouvernement en respect. Mais ce n'est pas seulement en France que les passions démocratiques menacent une fois de plus de détruire toute *gentillesse* (c'est-à-dire toute noblesse). L'Angleterre, elle aussi, a un roi mineur ; elle aussi est pillée par des princes du sang. Aussi, tandis que le comte de Cambridge (3)

(1) Cette guerre civile de l'Église commença en 1378 par la double élection d'Urbain IV et de Clément VII. Le premier de ces papes s'établit à Rome, pendant que l'autre se fixait à Avignon. Le roi de France et ses alliés étaient pour ce dernier ; le roi d'Angleterre et les siens étaient pour son rival.

(2) C'était le plus jeune des fils d'Edouard III. Il est plus connu dans l'histoire sous le nom de duc de Glocester ; mais il ne le porta qu'à partir de 1386.

(3) Fils d'Edouard III, désigné à partir de 1386 sous le nom de duc d'York.

et le duc de Lancastre (1) sont occupés à ces guerres de Portugal et d'Écosse, que Froissart nous raconte avec une certaine ampleur, les serfs du comté de Kent se portent sur Londres et font, pendant plusieurs jours, trembler la famille royale. Leur chef, Wat Tyler, vient en face braver le roi ; on le tue, et les insurgés vont le venger, quand, avec une présence d'esprit et une énergie au-dessus de son âge, le jeune Richard II se jette au-devant de la foule qu'il intimide par sa fière attitude.

« Voire, dist li maires... gars puant, parle-tu enssi en la présence de mon naturel signeur ? Je ne voel jamais vivre, si tu ne le compares. » A ces mots, il traist un grant baselaire que il portoit... et fiert che Tieullier un tel horion parmy la teste que il l'abat as piés de son cheval.... Adont se perchurent ces folles gens là assamblés que leur cappitains estoit ochis. Si commenchierent à murmurer ensemble et à dire : « Il ont mort nostre cappitaine ; alons, alons, ochions tout. » A ces mots, il se rengierent sur le place, cascun son arc devant ly... Là fist li rois un grant outrage, mais il fut convertis en bien ; car tantost comme Tieulliers fu aterés, il se party de ses gens tous seul et dist : « Demorés chy ; nuls ne me sieve. » Lors vint-il au devant de ces folles gens, qui s'ordonnoient pour vengier leur cappitaine, et leur dist : « Signeur, que vous fault ? Vous n'avés autre cappitainne que moy. Je suy vostre rois : tenés-vous en pais. » Dont il avint que li plus de ces gens, comme il veirent le roy et oïrent parler, il furent tout vaincu et se commenchièrent à défuir... » (T. IX, p. 413-414.)

TRADUCTION. — « Vraiment, dit le maire, gars puant, c'est ainsi que tu parles en la présence de mon naturel seigneur ? Je veux cesser de vivre si tu ne le paies. » A

(1) Troisième fils d'Edouard III et tige de la dynastie qui régna sur l'Angleterre à partir de 1399.

ces mots, il tire un grand badelaire (*sorte d'épée*) qu'il portait et frappe Tyler d'un tel coup sur la tête qui l'abat aux pieds de son cheval... Alors ces folles gens assemblés là s'aperçurent que leur capitaine était tué. Ils commencèrent à murmurer ensemble et à dire : « Ils ont tué notre capitaine ; allons, allons, tuons tout. » A ces mots, ils se rangèrent sur la place, chacun avec son arc devant lui... Là le roi fit une grande témérité, mais qui tourna bien ; car, aussitôt que ce Tyler fut à terre, il s'éloigna de ses gens tout seul et dit : « Demeurez ici, que nul ne me suive. » Alors il vint au-devant de ces folles gens, qui se rangeaient pour venger leur capitaine, et leur dit : « Seigneurs, que vous faut-il ? Vous n'avez d'autre capitaine que moi. Je suis votre roi : tenez-vous en paix. » D'où il advint que la plupart de ces gens, quand ils virent le roi et l'entendirent parler, furent tout vaincus et commencèrent à s'enfuir... »

La réaction qui suivit ce soulèvement produisit des vengeances atroces, dont l'exemple ne fut que trop fidèlement suivi en France par les oncles de Charles VI. Mais les Maillotins ne furent châtiés qu'en 1383, quand la noblesse française se fut donné la satisfaction de tailler en pièces, à Rosebecque, les milices des communes flamandes. La grande ville de Gand était depuis plusieurs années en guerre avec le comte de Flandre, son seigneur. Les péripéties de cette lutte émouvante, dont Froissart avait presque été un témoin oculaire, remplissent les trois quarts de son deuxième livre. Chassé de Bruges, où il avait dû plusieurs heures se cacher sous le lit d'une pauvre femme, le comte était venu implorer l'aide de son gendre, le duc de Bourgogne. Ce dernier, oncle de Charles VI, avait facilement entraîné son neveu. Mais la victoire de la chevalerie française et les horribles excès qui la suivirent ne découragèrent pas les bourgeois de Gand. Ils appelèrent à leur secours l'Angleterre, qui leur envoya l'évêque de Norwich avec une armée. Il fallut que le roi de France levât de nouveau, en 1383, le ban et l'arrière-ban. Toute la Flandre fut mise à feu et à sang. Deux ans après, au lendemain d'une trêve qui avait duré dix-huit mois, Français et Anglais se retrouvaient face à face partout, aux Pays-Bas, en Aquitaine, en Écosse et en Portugal. Mais la lassitude des Gantois et la modération du duc de Bourgogne, que la mort de son beau-père avait fait leur seigneur, allaient enfin pacifier la Flandre. L'arrangement conclu par le nouveau comte et ses sujets, en décembre 1385, rendit le repos à ce malheureux pays. Froissart, qui termine par l'exposé de ce traité la seconde partie de ses chroniques, allait pouvoir tourner vers de plus lointaines contrées son impatiente et insatiable curiosité.

Depuis 1383, le roi de Castille Jean Ier, fils de Henri de Transtamare, disputait à l'usurpateur Jean d'Avis la couronne de Portugal, qu'il revendiquait au nom de sa femme Béatrix, unique héritière du dernier roi de ce pays. Beaucoup de chevaliers et d'aventuriers français étaient allés grossir son armée, tandis que l'Angleterre envoyait à son rival de nombreux auxiliaires. Froissart avait hâte de connaître les détails d'une lutte qui n'avait pas été moins féconde que la guerre de Flandre en incidents dramatiques. C'est auprès du comte de Foix, à Orthez, qu'il se rendit tout d'abord pour s'en informer. Son troisième livre débute par le récit de ce voyage, narration longue et qu'on voudrait plus longue encore, tant il a su donner de vie et de couleur aux souvenirs de cette chevauchée à travers le Languedoc et le Béarn. Nous retrouvons avec lui, à chaque étape, les traces encore fraîches du Prince Noir, du duc d'Anjou, du duc de Berry et des routiers qui, depuis vingt ans, ont terrorisé le midi de la France. Nous sommes ensuite transportés à cette cour fastueuse de Gaston Phœbus, où s'ourdissaient tant d'intrigues et où, grâce au rendez-vous que les seigneurs les plus illustres s'y donnaient des deux côtés des Pyrénées, le chroniqueur était bien sûr de ne pas manquer d'informations sur les événements qui l'intéressaient. C'est effectivement d'après les récits qui lui furent faits à Orthez, et que d'autres communications complétèrent plus tard, qu'il a retracé avec tant d'éclat l'histoire des guerres d'Espagne et de Portugal, de 1383 à 1388. Le siège de Lisbonne par Jean de Castille, la bataille d'Aljubarota, où le Portugal affermit son indépendance, la pénible campagne du duc de Lancastre en Galice, tels sont les principaux épisodes de ce récit qui, à lui seul, suffirait à la gloire de Froissart. Du reste, cette histoire d'outre-monts ne lui faisait pas oublier la France. De grandes entreprises s'annonçaient au nord des Pyrénées, et notre auteur, qui en avait observé de très près les préparatifs, n'avait garde de les passer sous silence. En 1386, Charles VI et son oncle réunissaient en Flandre, à l'Écluse, une flotte imposante, une armée formidable, et semblaient sur le point de s'embarquer pour aller à leur tour porter en Angleterre la dévastation et la terreur. On avait réuni près de quatorze cents navires.

« ... Et se tenoient, chevalliers et escuiers,... pour bien heureux quant en leur vivant il aroient fait un voiage en Angleterre, et disoient : « Sur ces maleois Anglois irons-nous ores, qui ont fait tant de mauls et de persécutions en France. A ces coups en aurons-nous vengement de nos peres, de nos freres et de nos parens que il ont mis à mort et desconfis. — Ha ! disoient les autres, un jour vient, que tout paie. Nous sommes nés à bonne heure, quant nous voions le voiage que nous désirions le plus à voir... » (T. XII, p. 1-2.)

TRADUCTION. — « Et chevaliers et écuyers se tenaient pour bien heureux s'ils pouvaient en leur vie faire un voyage en Angleterre, et disaient : « Nous irons maintenant sur ces maudits Anglais, qui ont fait tant de maux et de persécutions en France. A ce coup nous vengerons sur eux nos pères, nos frères et nos parents, qu'ils ont mis à mort et déconfits. — Ha ! disaient les autres, un jour vient où tout se paie. Nous sommes nés au bon moment, puisque nous voyons l'expédition que nous désirions le plus voir. »

Ces espérances belliqueuses furent déçues, grâce aux lenteurs calculées du duc de Berry, qui fit manquer l'entreprise. Cependant, il était encore question, l'année suivante, d'une descente en Angleterre. Elle devait être opérée par une armée partie de Bretagne et que le connétable Olivier de Clisson s'occupait de rassembler. C'est alors que le duc de Bretagne, en capturant frauduleusement ce haut dignitaire, qu'il retint plusieurs semaines dans un de ses châteaux, rendit l'expédition impossible. Il fallut, pour amener le coupable à faire réparation (encore ne fut-elle qu'apparente), des négociations qui durèrent une année. Et quand elles furent terminées, ce n'est plus contre le roi d'Angleterre, c'est contre un de ses alliés les plus intimes, le duc de Gueldre, que le duc de Bourgogne crut devoir tourner les armes de son neveu. Le ban et l'arrière-ban du royaume furent levés pour mettre à la raison ce hobereau qui, au prix d'une soumission apparente, obtint facilement la retraite de l'armée française.

Il était bien heureux pour l'Angleterre que tous ces contre-temps se fussent produits, car les récits de Froissart nous prouvent qu'à cette époque elle était presque hors d'état de se défendre contre l'invasion. Tandis que le duc de Lancastre, revenu d'Espagne, se tenait à Bayonne ou à Bordeaux et ne s'occupait guère que de marier sa fille Catherine au prince héritier de Castille, son frère, Buckingham, devenu duc de Glocester, ébranlait le trône de Richard II, soulevait contre ce prince les communes et une partie de la noblesse, le réduisait à prendre la fuite, faisait décapiter ses favoris et, après l'avoir vaincu, le tenait pour un temps dans une sorte de captivité. Aussi les armes anglaises subissaient-elles échec sur échec. Le comte d'Arondel ne parvenait pas à relever dans l'Aunis, la Saintonge et le Poitou, l'étendard britannique, et les Écossais, fidèles alliés de la France, vengeaient leurs défaites passées par la retentissante victoire d'Otterbourn. On n'est donc pas surpris que Richard II, redevenu à peu près le maître en Angleterre, songeât beaucoup moins à de nouvelles aventures qu'à l'affermissement de son pouvoir et fût disposé à conclure avec Charles VI cette trêve à longue échéance que le chanoine de Chimay mentionne en terminant son troisième livre.

La dernière partie des chroniques s'ouvre par des récits de fêtes et se termine par des scènes tragiques. L'entrée solennelle d'Isabeau de Bavière à Paris (en août 1389), la tournée joyeuse de Charles VI dans les provinces du Midi, les joutes merveilleuses tenues par le roi Richard à Smithfield, le défi des chevaliers français qui, près de Calais, tiennent la lice trente jours de suite contre tous venants, voilà ce qui, tout d'abord, saisit et enivre Froissart. N'a-t-il donc plus à décrire que des banquets, des *dansses et quarolles* ou des simulacres de guerre ? Tournez quelques feuillets, et il ne sera plus guère question de bals ni de tournois. Une bonne partie de la noblesse française, déjà lasse du repos, s'embarque en 1390 et va, sous le duc de Bourbon, combattre pour la croix sur le littoral africain. Mais après une année de luttes et de souffrances, l'armée chrétienne reviendra décimée, sans autre satisfaction que d'avoir déployé devant les Sarrasins l'étendard de saint Louis. Pendant que tant de chevaliers cherchent au loin des victoires douteuses, la France est, comme autrefois, en proie aux routiers et aux malandrins. Des brigands sans foi ni loi, comme cet Aimerigot Marcel, dont le chroniqueur nous conte tout au long la singulière histoire, pillent et terrorisent nos provinces centrales. Tant bien que mal, le roi et les princes triomphent des uns, achètent les autres. Le comte d'Armagnac en emmène un certain nombre en Italie, où il va guerroyer contre le duc de Milan (1391). A ce moment, le royaume paraît assuré d'un long repos. Le duc de Bretagne, justement suspect depuis plusieurs années, vient faire sa soumission à Tours; la succession du comte de Foix, Gaston Phœbus, est réglée à l'amiable après un court conflit; enfin, Richard II, de plus en plus soigneux de son repos, sollicite non seulement la continuation des trêves, mais des conférences qui s'ouvrent à Amiens, en 1392, et où les conditions d'une paix définitive sont sérieusement discutées.

C'est alors justement que va recommencer l'âge de fer. Un soir, Pierre de Craon, grand seigneur récemment chassé de la cour, vient, à l'instigation du duc de Bretagne, s'embusquer dans une rue de Paris, avec une bande d'assassins, sur le passage du connétable, à qui il attribue sa disgrâce. Clisson arrive, et la bande aussitôt s'abat sur lui en criant: A mort!

« — Qui est-tu, dist le sire de Clichon, qui dis telles paroles ? — Je suis Pierre de Craon, vostre ennemy. Vous m'avés par tant de fois courrouchié que cy vous le fault parer et amender. Avant ! dist-il à ses gens, j'ay celluy que je demande et que je vueil avoir... » T. XV, p. 9.)

TRADUCTION. — « Qui es-tu, dit le sire de Clisson, qui dis de telle paroles ? — Je suis Pierre de Craon, votre ennemi. Vous m'avez tant de fois courroucé qu'il vous le faut ici payer et amender. Avant ! dit-il à ses gens, j'ai celui que je demande et que je veux avoir. »

« ... La première parole que le roy dist, ce fut : « Connestable, comment vous sentés-vous ? » Il respondi : « Chier sire, petitement et foiblement. — Et qui vous a mis en ce point ? » dist le roy. — « Sire, respondi-il, ce a fait Pierre de Craon et ses complices trahiteusement et sans nulle deffiance. — Connestable, dist le roy, onques chose ne fut si comparée comme ceste sera, ne si fort amendée... » (T. XV, p. 12-13.)

TRADUCTION. — « La première parole que le roi dit, ce fut : « Connétable, comment vous sentez-vous ? » Il répondit : « Cher sire, petitement et faiblement. — Et qui vous a mis en cet état ? » dit le roi. — « Sire, répondit-il, ce sont Pierre de Craon et ses complices, traîtreusement et sans nul défi. — Connétable, dit le roi, jamais crime ne fut expié comme sera celui-ci, ni ne fut si fort réparé... »

Quelques semaines après, Charles VI marche, à la tête d'une armée, contre le duc de Bretagne, qui a recueilli chez lui l'assassin. Mais tout à coup, près du Mans, il devient fou furieux. Il faut l'enchaîner et, désormais, les accès de frénésie et d'égarement, malgré les soins des médecins et les jongleries des sorciers, se reproduiront chez lui avec une fréquence qui le rendra tout à fait incapable de gouverner. Ses oncles, qu'il avait écartés depuis plusieurs années du pouvoir, reparaissent aux affaires, chassent Clisson et les *Marmousets* (1) et n'ont en vue, comme autrefois, que leurs intérêts personnels. L'un d'eux, le duc de Bourgogne, tire à lui presque tous les pouvoirs. Mais déjà le duc d'Orléans, frère du roi, commence à les lui dis-

(1) C'est le nom que les grands seigneurs donnaient par dédain aux conseillers de petite extraction (comme Noviant, Montaigu, La Rivière) dont Charles VI s'était entouré depuis quelque temps, à l'exemple de son père.

puter, et l'on voit naître une rivalité qui enfantera plus tard la plus effroyable guerre civile. Le désordre reparaît et augmente rapidement dans tout le royaume. Clisson commence pour son compte une guerre féroce contre le duc de Bretagne, qu'il finira par réduire, en 1395, à lui demander la paix. Le *Grand Schisme*, qui dure depuis 1378 et qui trouble toute la chrétienté, est particulièrement funeste à la France. Vainement l'Université de Paris, de sages prélats, des princes s'entremettent entre les deux papes. Celui d'Avignon, malgré ses promesses, rend tout arrangement impossible ; on le menace, on l'assiège, et il tient bon (1394-1399). Pendant ce temps, l'élite de la chevalerie française, conduite par Jean de Nevers, fils aîné du duc de Bourgogne, va follement se faire battre et périr sous les coups des Turcs, à Nicopoli (1396). Tout le royaume est en deuil et l'infortuné Charles VI retombe à chaque instant en démence.

Si cette peinture est fort triste, l'état de l'Angleterre à cette époque n'est pas représenté par Froissart sous des couleurs plus riantes. Le chanoine de Chimay a voulu, en 1395, revoir ce pays, où s'étaient écoulées les meilleures années de sa jeunesse. Il y a recueilli des détails intéressants sur les récentes guerres d'Irlande. Il y a été reçu avec affabilité par Richard II, alors à la fleur de l'âge et qui semble avoir devant lui un long avenir de puissance et de gloire. Mais quatre années se sont à peine écoulées que ce prince, trop capricieux et trop ami de la paix au gré de ses sujets, qui lui reprochent son despotisme et ses complaisances pour la France (1), est détrôné par son cousin, Henri de Lancastre. Fait prisonnier par l'usurpateur, il résigne honteusement la couronne, se reconnaît publiquement indigne de régner et n'obtient même pas au prix de cette lâcheté la prolongation de sa vie, car, peu de mois après, il est assassiné dans sa prison (1400), comme l'avait été son bisaïeul Édouard II, à la suite de circonstances analogues.

C'est à ce point que s'arrêtent les chroniques de Froissart. Elles commencent et finissent, on le voit, par le récit d'une révolution. Elles ne sont du reste, d'un bout à l'autre, qu'un immense tableau de guerre. On peut juger même par le résumé rapide et forcément incomplet que l'on vient de lire, de l'étendue, de la complexité, de la vivacité de cette peinture. L'image du XIVe siècle, telle que nous l'a faite le chroniqueur, est-elle aussi exacte que dramatique et brillante ? C'est ce que nous examinerons sommairement dans le chapitre qui va suivre.

(1) Il avait conclu avec Charles VI, en 1394, une trêve de quatre ans, qui fut prolongée de vingt-huit ans en 1396. Il avait évacué Cherbourg et Brest ; enfin, il venait d'épouser une fille du roi de France.

CHAPITRE IV

FROISSART (*suite*). — SON AUTORITÉ HISTORIQUE.

Ce qui distingue essentiellement Froissart de Villehardouin et de Joinville, c'est que ces chroniqueurs écrivent ce qu'ils ont vu ou ce qu'ils ont fait, et que le chanoine de Chimay raconte en général ce qu'on lui a dit ou ce qu'il a lu. Nous avons d'un côté des auteurs de *mémoires*, témoins des événements qu'ils retracent, après y avoir pris eux-mêmes une bonne part ; de l'autre, un narrateur de profession, qui n'a point fait la guerre, qui n'a point été mêlé aux affaires publiques, mais qui a passé sa vie à s'enquérir des faits, les a réunis avec un soin singulier et les a exposés avec le plus merveilleux éclat. L'œuvre que nous étudions n'embrasse pas, comme les précédentes, une période de quelques années ; elle renferme trois quarts de siècle ; ce n'est pas un seul État, c'est la moitié de l'Europe qu'elle fait revivre devant nous. Il n'est pas étonnant qu'une aussi vaste composition présente bien des défectuosités. Mais, quand on songe aux recherches qu'elle a nécessitées et à la difficulté des communications au temps de Froissart, on est étonné qu'elle n'en offre pas davantage. Il faut bien se le dire, en outre : si ses erreurs nous paraissent plus nombreuses que celles de Villehardouin ou de Joinville, c'est que nous possédons assez de documents originaux du XIVe siècle pour les relever toutes, ou à peu près, et que nous n'en avons pas suffisamment pour contrôler de même les récits de ses devanciers.

Ce n'est point un simple recueil d'annales, un amas de faits assemblés au hasard, sans critique et sans ordre, que Froissart a voulu léguer à la postérité. On a vu, par le chapitre précédent, qu'il avait un plan et qu'en somme il a su s'y tenir. C'est une *histoire* qu'il prétend faire, nous dit-il, plutôt qu'une chronique ; il veut *ouvrir et éclaircir la matière*, montrer le pourquoi des choses et ne pas se borner à dire : *ainsi et ainsi advint dans le temps* (liv. III, ch. 63). Jusqu'à quel point a-t-il réalisé son programme ? A-t-il poursuivi consciencieusement la vérité ? l'a-t-il démêlée avec sagacité ? A-t-il été sincère ? a-t-il été impartial ? Après l'avoir lu de bonne foi, il est facile de répondre à ces diverses questions.

Constatons-le tout d'abord, nul historien peut-être n'a mis plus d'activité, plus de passion que lui dans ses recherches. Nul n'a été plus soucieux d'informations originales. Sans doute, au début, il a pris pour guide le vieux Jean le Bel et l'a même suivi pas à pas. Sans doute il a reproduit assez légèrement beaucoup de ses erreurs. Mais il en a corrigé d'autres et, plus il a remanié son premier livre, plus il a mis du sien dans le récit tout d'abord emprunté des événements antérieurs à 1356. Si plus tard il a utilisé quelque peu la chronique rimée de Chandos sur le Prince Noir, c'est qu'il la savait exacte, ayant pu en contrôler les détails par cent témoignages. Du reste, les ouvrages de Jean le Bel et de Chandos sont à peu près les seuls qu'il paraisse avoir mis à profit pour la composition de sa chronique. La France, l'Angleterre, la Flandre, l'Espagne, le Portugal ont eu au XIVe siècle bien d'autres historiens (1). Rien n'indique qu'il les ait lus. Ce qu'il lui fallait, c'était la vue des champs de bataille, les traces encore fraîches de la guerre, c'étaient les documents vivants, les princes, les chevaliers, les hérauts, les acteurs même du drame qu'il songeait à reconstituer la plume à la main.

« Et vous dy acertes (lisons-nous dans sa *chronique*) que j'ay esté en mon temps moult par le monde tant pour ma plaisance accomplir et veoir les merveilles de cest monde, comme pour enquérir les adventures et les armes qui en ceste cronique sont descriptes. Si ay peu veoir, apprendre et retenir.... » (T. XV, p. 252.)

TRADUCTION. — « Et je vous dis en vérité que j'ai été en mon temps beaucoup par le monde, tant pour mon plaisir et pour en voir les merveilles que pour m'enquérir des aventures et combats qui sont écrits en cette chronique. Aussi ai-je pu voir, apprendre et retenir... »

(1) Citons : pour la France les auteurs des *Grandes Chroniques*, de la *Chronique des quatre premiers Valois*, Cabaret d'Oronville (*Vie du bon duc Loys de Bourbon*), le moine de Saint-Denis (biographe de Charles VI), Juvénal des Ursins, etc. ; — pour l'Angleterre, Robert d'Avesbury (*Mirabilia gesta magnifici regis Edwardi tertii*); — pour l'Ecosse, Jean de Fordun (*Chronicon, sive Scotorum historia*); — pour l'Espagne, Ayala (*Cronicas de los reyes de Castillas*) ; — pour l'Italie, Villani (*Storie fiorentine*), etc.

On a vu plus haut que sa vie n'avait été pour ainsi dire qu'un long voyage d'informations. Il avait fréquenté, nous dit-il, deux cents princes ou grands seigneurs. Insinuant et passé maître comme il l'était dans l'art d'interroger, il avait tiré de chacun d'eux son histoire et celle de son pays. Le roi David et les Douglas lui avaient conté les guerres d'Écosse; Édouard III l'avait entretenu de Crécy; le Prince Noir, de Poitiers. Il connaissait Wat Tyler par Robert de Namur, qui l'avait vu tuer. Guy de Blois, qui avait participé à la bataille de Rosebecque, lui en avait fait le récit. A Orthez, il trouva des chevaliers français échappés au désastre d'Aljubarota, et il ne manqua pas de mettre leur mémoire à contribution. S'il rencontrait sur les chemins un gentilhomme bien pourvu d'anecdotes ou de légendes, Espaing de Lyon, par exemple, ou Guillaume d'Ancenis (1), il *s'accointait de lui* et ne le quittait pas qu'il ne lui eût arraché tous ses souvenirs de guerre. Le sire de la Rivière, le maréchal de Sancerre l'instruisaient des affaires de France. Le sire de Coucy, qui avait tant couru le monde, l'emmenait chez lui à Crévecœur et ne restait pas muet. Les hommes d'armes qui revenaient d'Irlande avec Richard II s'empressaient de lui narrer leur récente expédition dans ce pays. Aubert de Bavière, comte de Hainaut, et son fils Guillaume lui fournissaient les détails les plus précis sur leurs campagnes de Frise. Les croisés de Tunis ou de Nicopoli n'avaient garde de lui

(1) V. liv. III, ch. 70.

laisser ignorer leurs aventures. Les bourgeois de Gand lui dépeignaient les troubles de Flandre. Les hérauts d'armes, témoins autorisés de tous les combats, de tous les traités, Faucon, Windsor, Chandos, lui parlaient de Cocherel, d'Auray et de bien d'autres journées célèbres. Il n'était pas jusqu'aux malandrins et aux routiers qui ne fussent heureux de lui apprendre en détail leurs moins édifiantes prouesses.

— « Messire Jehan, lui demandait un jour l'un d'eux (le Bascot de Mauléon), avés vous point en vostre histoire ce dont je vous parleray ? » Je luy respondi : « Je ne scay. Aye ou non, faites vostre compte, car je vous oy voulentiers parler d'armes, et il ne me puet pas de tout sovenir, et aussi je ne puis pas de tout avoir esté infourmé. — C'est voir, respondi l'escuyer. » A ces mots, il commença son compte et dist ainsi... » (T. XI, p. 108.)

TRADUCTION. — « Messire Jean, avez-vous point en votre histoire ce dont je vous parlerai ? » Je lui répondis : « Je ne sais. Que je l'aie ou non, faites votre récit, car je vous écoute volontiers parler de guerre, et il ne me peut pas souvenir de tout, et aussi je ne puis pas avoir été informé de tout. — C'est vrai, répondit l'écuyer. » A ces mos, il commença son récit et parla ainsi... »

Ce n'était pas seulement par curiosité que Froissart courait ainsi le monde et frappait à tant de portes. C'était aussi par probité d'historien. Il ne voulait rien écrire que d'après de sérieuses informations. Il ne manque jamais, quand il commence ou termine un récit important, de faire remarquer qu'il le tient de bonne source. Il n'est point de ces hommes qui n'écoutent qu'une cloche et n'entendent qu'un son. Qu'il s'agisse de la France, de la Bretagne, du Portugal, le témoignage d'un seul parti ne lui suffit pas. Il faut que le parti adverse vienne aussi déposer devant lui. Le temps, la fatigue, l'argent (1) ne sont rien à ses yeux quand il s'agit d'un supplément d'enquête qui doit éclairer la postérité. S'il s'aperçoit que tel exposé de bataille ou de siège inséré dans sa chronique, est incomplet ou inexact, il ne prendra pas toujours la peine de l'effacer, mais il en fera un autre et nous donnera ainsi la preuve irréfutable de sa bonne foi.

Remarquons, du reste, que lorsque Froissart nous rapporte un récit recueilli au cours de ses voyages, il n'en garantit pas l'absolue vérité. Ces expressions : *comme il me fut dit*, *comme je fus informé*, reviennent à chaque instant sous sa plume. Le bon chanoine est un écho ; il répète scrupuleusement tout ce qui le frappe. Parfois il émet bien quelques doutes et se permet quelques objections. Mais c'est, en somme, assez rare, et généralement il lui suffit, pour avoir la conscience en repos, de nous assurer qu'il n'invente pas. Bien des traditions étranges et des anecdotes miraculeuses ont leur place dans son œuvre. Froissart nous raconte que du Guesclin descend d'un roi sarrasin nommé Aquin, établi en Bretagne au temps de Charlemagne ; que les malheurs de Philippe VI et de Jean le Bon avaient été prophétisés par le roi Robert de Naples et par le frère Jean de Roche-Taillade ; qu'un grand orage a

(1) Il nous apprend dans le *Dit du florin* qu'en quinze ou seize ans ses recherches historiques lui ont coûté jusqu'à *sept cents livres* (environ quarante mille francs de notre monnaie).

suffi pour déterminer Édouard III à la paix de Brétigny; qu'une statue de la Vierge, au moment où un pillard allait la dépouiller, s'est tournée pour lui échapper; que le larron est tombé raide mort et qu'un autre voleur étant survenu, les cloches se sont mises à sonner d'elles-mêmes. Il s'étend avec une complaisance toute romanesque sur les stratagèmes les plus invraisemblables, nous parle volontiers de châteaux mystérieusement minés, de souterrains s'étendant du cœur de la place jusqu'au milieu des champs et creusés autrefois par le paladin Renaud ou d'autres héros non moins fabuleux. Il y a dans sa chronique des ours qui parlent, des génies familiers qui font quatre cents lieues en une nuit pour porter des nouvelles, qui se changent en truie ou en fétu de paille. L'auteur croit-il à toutes ces légendes? Rien n'est moins sûr. Mais il nous les raconte telles qu'il les a recueillies, et elles ne contribuent peut-être pas moins que ses récits les plus véridiques à nous édifier sur l'esprit de son temps.

Si Froissart a recueilli sur l'histoire du XIVe siècle une masse de documents sans égale, on ne peut se dissimuler qu'il est loin d'avoir épuisé la matière. Dans sa longue vie de recherches, son zèle n'a pas tous les jours obtenu le même succès. Aussi son œuvre présente-t-elle bien des lacunes, qu'il n'a jamais pu qu'imparfaitement combler. Les guerres d'Écosse, par exemple, n'y sont racontées que par épisodes. La période de l'histoire de France qui s'étend de 1350 à 1355 n'y est représentée que par quelques chapitres sans suite et tout à fait insuffisants. L'histoire intérieure de l'Angleterre n'y tient presque aucune place de 1327 à 1377. Certaines parties du règne de Richard II y sont retracées avec une ampleur magistrale. D'autres, fort importantes, ne sont pas l'objet d'une allusion. Le *Grand Schisme* est entrevu par moments ; à d'autres il reste complètement dans l'ombre. Chose étrange, du Guesclin, le héros français par excellence, n'est que rarement au premier plan ; Froissart semble ignorer beaucoup de particularités, et non des moins importantes, de sa vie ; et Cuvelier, le trouvère, nous en apprend plus que le chroniqueur sur les exploits du grand connétable.

Si, sur bien des points, les renseignements ont manqué à notre auteur, sur d'autres il n'en a eu que de fautifs et a dû forcément s'en contenter. L'histoire de l'Italie, qu'il ne touche qu'incidemment et à intervalles fort éloignés, fourmille d'erreurs sous sa plume. Quand il s'agit de l'Orient, qu'il n'a pas vu et d'où ne lui sont venues que de vagues et incohérentes traditions (1), tout semble s'obscurcir et se brouiller à ses yeux : il confond les Tartares avec les Turcs et les Égyptiens, Gênes avec Venise, les rois de Chypre avec les empereurs de Constantinople.

En ce qui concerne les États occidentaux, les inexactitudes, pour n'être ni aussi nombreuses ni

(1) Sauf cependant en ce qui concerne la croisade de Nicopoli, dont il fait un récit relativement exact.

aussi graves, ne sont cependant pas rares dans son œuvre. Il semble qu'il eût pu les corriger, comme l'ont fait dans leurs savantes notes ses derniers éditeurs, MM. Kervyn de Lettenhove et Siméon Luce, en consultant les documents officiels (chartes, traités, ordonnances, mandements des rois ou des princes), que certains de ses contemporains utilisaient déjà, au grand profit de la science historique. Le temps lui a-t-il manqué pour de pareilles recherches? Froissart, qui voulait avant tout rendre l'histoire pittoresque, vivante, dramatique, a-t-il craint de la rendre lourde, froide et terne par des citations et des discussions de textes diplomatiques ou législatifs ? Nous ne savons. Le fait est qu'il ne paraît pas avoir mis sérieusement en œuvre un élément d'informations que les historiens modernes ne se croient pas permis de négliger, et grâce à l'emploi duquel son œuvre eût sans doute été parfaite. C'est à peine si, à propos de Brétigny, il rapporte quelques-unes des conventions anglo-françaises de 1360, et si, après avoir conté les troubles de Flandre, il reproduit le traité par lequel le duc de Bourgogne termina cette longue crise en 1385. Il y avait évidemment un meilleur parti à tirer des richesses enfouies dans les archives des rois et des princes qui s'intéressaient à son œuvre.

Ce qu'il y a de plus défectueux dans Froissart, c'est la chronologie d'une part, c'est la topographie de l'autre. Il est bien peu de pages de sa chronique où l'on ne puisse relever une erreur de date. Il fait vivre jusqu'en 1363 la mère d'Édouard III, qui est morte en 1358 ; il avance de six ans le décès d'un de ses fils ; le mariage de Charles de Navarre avec Léonore de Castille, qui fut célébré en 1375, n'a eu lieu, d'après lui, qu'en 1379. On comprend que nous ne pouvons ici multiplier ces exemples. Mais il n'est pas besoin de démontrer que de pareilles inexactitudes créent entre des faits racontés un enchaînement qui rend, sur certains points, l'histoire inintelligible. Les indications géographiques, toujours si nombreuses dans des récits de guerre, sont aussi trop souvent fautives sous la plume de Froissart. Les pays, les villes, les châteaux qu'avait vus notre auteur sont décrits par lui avec une précision et une netteté remarquables. Pour le reste, il se contente malheureusement d'un à peu près qui ne saurait suffire au lecteur et qui souvent le met fort en peine. Il lui arrive, par exemple, de confondre d'une façon persistante Agen avec Angoulême, et l'on ne comprend pas comment une armée qui opère sur les bords de la Garonne peut se trouver en même temps sur ceux de la Charente. Il rapproche ou éloigne démesurément les unes des autres certaines villes. Des centaines de localités en France portent le nom de Villefranche ou de Villeneuve. Il est rare qu'en parlant de l'une d'elles il ne la prenne pas pour une autre. Enfin, sa façon d'orthographier les noms propres — d'hommes, comme de lieux — en rend quelquefois assez pénible l'identification. Il les écrit à peu près comme il les entend prononcer (par des informateurs qui souvent eux-mêmes les défigurent). C'est ainsi qu'il met l'*Amorath-Baquin* pour Mourad-

Bey (1), *Vautre Tuilier* pour Wat Tyler, *Rhadigos* pour Ruy Diego, etc. Villaviciosa, Badajoz, Santarem deviennent pour lui *Villevesiouse*, *Val-de-Yosse*, *Saint-Yrain*. Il écrit *Pleumonde*, *Hantonne*, *Haindebourg*, pour Plymouth, Southampton, Édimbourg. Parfois, quand il s'agit de pays éloignés, les noms sont si défigurés sous sa plume qu'il devient impossible de les reconstituer.

On voit que l'exactitude matérielle des détails n'est pas chez Froissart à la hauteur du zèle et du bon vouloir. Mais, en somme, ces nombreuses erreurs ne l'empêchent pas de faire revivre devant nous, dans ses grandes lignes et avec plus de vérité, de mouvement, de force qu'aucun autre historien ne l'a pu faire, un des siècles les plus agités et les plus confus de l'histoire. Presque toutes sont réparables et ont été réparées. Puis, ne serait-il pas souverainement injuste, comme l'a fait observer M. Siméon Luce (2), de se montrer plus sévère pour lui que pour ses devanciers, uniquement parce que leurs imperfections sont moins faciles à contrôler que les siennes ?

A côté du reproche d'inexactitude, il en est un autre qu'on adresse depuis longtemps à Froissart, et qui nous paraît beaucoup moins fondé. C'est celui de partialité. Qu'il ait *voulu* induire en erreur la postérité, en présentant les faits sous un jour favorable à telle cause et nuisible à telle autre, c'est ce

(1) Il est vrai que nous l'appelons Amurat, ce qui n'est pas beaucoup plus exact.

(2) *Introduction* aux *Chroniques*, p. CXXIV et suiv.

qu'on n'a jamais soutenu sérieusement. Notre auteur proteste en maint endroit que, pour rien au monde, il ne voudrait *porter partie*, c'est-à-dire manifester ses préférences pour un camp, qu'il n'est pas homme à *colorer plus l'un que l'autre*, et rien ne nous autorise à douter de sa parfaite sincérité. Revenant, à un certain endroit de sa chronique, sur les guerres de Bretagne, déjà racontées par lui, et mettant en lumière certains faits qui intéressent la maison de Blois, il s'indigne à la pensée qu'on puisse l'accuser d'y mettre quelque complaisance :

« Ceste histoire, dit-il... n'est corrompue pour faveur nulle que j'aye à monseigneur Guy, conte de Bloys, qui me commanda de la ordonner comme veoir povés et qui bien m'en a payé tellement que je m'en contente grandement... Nennil vraiement, car je ne vueil parler que de la vérité et aler parmy le tranchant sans coulourer ne l'un, ne l'autre ; et aussi le gentil sire et conte qui me fist l'istoire présente mettre sus et ainsi édiffier, ne voult mie que je la compillasse autrement que vraye... » (T. XII, p. 154.)

TRADUCTION. — « Cette histoire n'est faussée par nulle complaisance que j'aie pour monseigneur Guy, comte de Blois, qui me commande de la composer, comme vous pouvez voir, et qui m'en a payé si bien que je m'en contente grandement... Nenni vraiment, car je ne veux dire que la vérité et aller tout droit, sans embellir l'un ni l'autre ; et d'ailleurs le noble sire et comte qui me fit entreprendre et élever ainsi cette histoire n'aurait point voulu que je la fisse autrement que vraie... »

Nulle part, nous le répétons, on ne trouve dans les chroniques de Froissart le parti pris d'altérer la vérité. Mais si la partialité chez lui n'est pas voulue, n'est-elle pas dans son esprit une disposition dont il n'a pas conscience ? On l'a dit, et les diverses rédactions de son premier livre semblent particulièrement confirmer cette accusation. Il est certain que Froissart, quand il se mit à écrire sa chronique, c'est-à-dire vers 1369, était encore sous l'impression du séjour qu'il avait fait à la cour d'Angleterre, que ses informations lui venaient surtout d'outre-Manche, que plus tard elles lui vinrent principalement de la France, et qu'il augmenta ou modifia ses premiers récits en conséquence. Mais on ne peut pas dire que ses nouvelles relations l'aient rendu injuste pour ses premiers protecteurs. Elles lui ont simplement facilité un supplément d'enquête, grâce auquel il a pu rectifier sur certains points ses propres jugements, et voir une face des choses qui lui avait tout d'abord échappé.

Le reproche le plus grave que lui aient adressé les critiques français est d'avoir manifesté, du moins dans son premier livre, une assez vive prédilection pour l'Angleterre. Mais cette accusation, en somme, n'est pas fondée. Comme on l'a fort bien dit, « il ignore toute espèce de fanatisme; il n'est obsédé d'aucune de ces passions de caste et de nationalité, qui offusquent la vue et qui troublent le jugement (1)... Entre les Français et les Anglais, son cœur se partage ; il a pu, selon qu'il subissait des impressions diverses, être plus favorable aux uns qu'aux autres ; mais ce ne sont que des nuances, et

(1) Siméon Luce, *Introduction* aux *Chroniques*.

ces préférences du moment ne vont jamais jusqu'à lui faire commettre des injustices déclarées (1). » S'il admire presque sans réserve, au début de sa vie, les vainqueurs de Crécy et de Poitiers, alors dans tout l'éclat de leur gloire et de leur puissance, plus tard, quand il remanie son œuvre, il juge avec quelque sévérité une nation dont les qualités seules l'avaient frappé, et dont il voit aussi maintenant les défauts.

Quant aux Français, il ne les maltraite nulle part; et plus il avance dans son ouvrage, plus il leur témoigne d'estime et de sympathie. Généralement, du reste, il est fort équitable pour les divers peuples dont le nom se présente dans son récit. Il n'en est guère qu'un qui lui inspire une antipathie déclarée, persistante : c'est le peuple allemand. Ce sont, nous dit-il quelque part, des *convoiteux*, qui *ne font rien, si ce n'est pour les deniers*. Il leur en veut un peu de ne songer qu'à piller la France. Il n'y a rien, lisons-nous dans un autre endroit, que les Allemands désirent tant que d'avoir *quelque cause et motif de guerroyer le royaume de la France, pour abattre le grand orgueil qui est en lui et prendre part aux profits de la guerre*. Ailleurs encore, Froissart leur reproche, non sans émotion, leur peu de courtoisie et la cupidité féroce dont ils font preuve à l'égard de leurs prisonniers. Il les maudit, car ce sont, dit-il, des *gens sans pitié, sans honneur, qu'on ne devrait jamais prendre à merci; ils n'ont pitié ni merci de*

(1) G. Boissier, *Froissart restitué d'après les manuscrits* (*Revue des Deux-Mondes* du 1er février 1875).

nul gentilhomme, s'il tombe entre leurs mains prisonnier; mais ils le rançonneront de toute sa fortune et encore plus; ils le mettront dans les liens, les entraves, les fers et les plus étroites prisons qu'ils pourront trouver, pour extorquer une rançon plus considérable.

En somme, et sauf cette exception, Froissart paraît n'avoir de parti pris contre aucune nation. Il est cosmopolite. En religion, nous ne dirons pas qu'il soit indifférent. Mais s'il appartient à l'Église, il a l'esprit assez large et assez libre pour la juger. Entre le pape de Rome et celui d'Avignon, il ne prend point ouvertement parti. Tous les deux lui paraissent responsables du trouble qui règne dans la chrétienté. Il ne se gêne guère pour réprouver la corruption du clergé, d'où est venu tout le mal.

« Bien scay que ou temps à venir on s'emerveillera de telles choses et comment l'Eglise peut cheoir en tels troubles, ne si longuement demourer ; mais ce fut une playe envoiée de Dieu pour adviser et considérer au clergié du grand estat et des grans superfluités qu'ils tenoient et faisoient, combien que plusieurs n'en tenoient compte, car ils estoient si aveuglés de orgueil et de présumption que chascun voloit sourmonter ou ressembler l'un l'autre. Et... se nostre foy n'eust esté si fort confermée... en la grace du Saint-Esperit qui renluminoit les cuers des fourmenés et desvoiés et les tenoit fermes en une unité, elle eust esté croslée et branlée... » (T. XI, p. 251.)

TRADUCTION. — « Je sais bien qu'au temps à venir on s'émerveillera de telles choses et que l'Eglise ait pu choir en de tels troubles et y demeurer si longtemps. Mais ce fut une plaie envoyée par Dieu pour faire réfléchir le clergé au trop grand état qu'il tenait et aux grandes superfluités qu'il faisait ; et cependant plusieurs n'en tenaient compte, car ils étaient si aveuglés d'orgueil et de présomption qu'ils voulaient tous se surmonter ou s'égaler les uns les autres. Et si... notre foi n'eût été si solide... en la grâce du Saint-Esprit, qui illuminait les cœurs excédés et dévoyés et les tenait fermes dans l'unité, elle eût branlé et croulé... »

On voit par ce qui précède que Froissart n'a de préférence pour aucune cause. Mais n'a-t-il pas quelque faiblesse pour certains hommes? n'éprouve-t-il pas quelques préventions contre certains autres? Les rois et les princes dont il a reçu les bienfaits ne sont-ils pas traités par lui, dans son histoire, avec une indulgence et une faveur particulières? Rien ne le prouve, pour qui lit notre auteur avec quelque attention. Froissart ne perd jamais le souvenir des divers patronages sous lesquels il a vécu. Il n'est pas capable de les renier. L'honneur et la reconnaissance lui font un devoir de ne parler qu'avec égards de ses anciens protecteurs; ce devoir, il le remplira scrupuleusement jusqu'au terme de son ouvrage. Mais, avant comme après leur mort, le respect qu'il leur porte ne l'empêchera pas de raconter même leurs mauvaises actions. Il ne dissimulera, par exemple, ni la dureté d'Édouard III, qui veut mettre à mort tous les habitants de Calais, ni celle du Prince Noir, qui fait massacrer sans pitié ceux de Limoges. Par contre, si Charles V n'est point un de ces rois batailleurs dont les chevauchées ont pour lui tant d'attrait, il ne méconnaît point pour cela les grandes qualités d'un prince qui, presque sans sortir de *sa chambre et de ses déduits*, a su reconstituer la France démembrée.

Parmi les grands seigneurs qu'il appelle ses maîtres, celui qu'il a le plus admiré peut-être est le comte de Foix, Gaston Phœbus. Il n'en rapporte pas moins fort en détail les crimes de ce personnage. Le duc de Berry l'a bien traité, c'est vrai; il n'a garde de l'oublier; mais il ne veut pas nous dissimuler que ce prince était par trop *durement convoiteux* et que le Languedoc n'avait guère eu à se louer de son administration. S'il rappelle à maintes reprises et d'un style attendri ce qu'il doit au comte Guy de Blois, ce n'est pas une raison pour qu'il l'approuve d'avoir trop écouté de mauvais conseils et d'avoir fait tort à ses parents par la vente de son héritage.

« Considérés le grant dommage que ung seigneur peult faire à son hoir par croire mauvais conseil... Ce fut mon seigneur et mon maistre, et ung seigneur honnourable et de grande recommandation... Et point ne luy estoit besoing à faire les povres et mauvais traittiés et marchiés que il fist en son temps et à vendre et mesvendre son héritage... Et tout ce luy venoit pour tant que il créoit et crut trop légièrement ceulx qui nul bien, honneur, ne prouffit ne luy vouloient. Le sire de Coucy, son cousin germain, qui moru à Brusele en Turquie... fut moult coupable de ce fait . » (T. XVI, p. 71.)

TRADUCTION. — « Considérez le grand dommage qu'un seigneur peut faire à son héritier en croyant mauvais conseil... Ce fut mon seigneur et mon maître, et un seigneur honorable et de grande recommandation.. Et il n'avait point besoin de faire les pauvres et mauvais traités et marchés qu'il fit en son temps et de vendre et mal vendre son héritage... Et tout cela lui venait de ce qu'il croyait et crut trop légèrement des gens qui ne lui voulaient nul bien, nul honneur, nul profit. Le sire de Coucy, son cousin germain, qui mourut à Brousse, en Turquie... fut bien coupable de ce fait. »

Si, vers la fin de sa chronique, Froissart expose sans réticence les fautes de Richard II, s'il nous conte de point en point la fin misérable de ce roi dont le père et l'aïeul avaient fait trembler l'Europe, ce n'est point qu'il ait cessé de l'aimer. Il l'a vu naître ; il a servi sa famille ; il a éprouvé récemment encore sa libéralité. Mais, quoi qu'il lui en coûte, il lui faut remplir son devoir d'historien.

« ... Suis moult tenu, dit-il, à pryer pour luy, et envis escripvy de sa mort. Mais, pour tant que dittée, ordonnée et augmentée j'ai ceste présente histoire à mon léal povoir, j'en escripvy ce que j'en scavoye pour donner congnoissance de ce que il devint. »

TRADUCTION. — « Je suis bien tenu de prier pour lui et à contre-cœur écrivis-je de sa mort. Mais comme j'ai rédigé, ordonné et augmenté cette histoire à mon loyal pouvoir, j'en écrivis ce que j'en savais, pour donner connaissance de ce qu'il devint... »

Nous pourrions multiplier nos exemples. Mais ceux qui précèdent suffisent, croyons-nous, pour faire apprécier l'indépendance et l'équité de Froissart à l'égard des grands. L'admiration ne le porte jamais à transfigurer ses héros. D'autre part, l'opinion défavorable qu'il a de certains personnages ne le porte que rarement à des excès de sévérité. S'il se trompe à leur égard, c'est avec la grande majorité de ses contemporains et de fort bonne foi. Charles le Mauvais, roi de Navarre, lui paraît capable de tous les crimes ; mais s'il n'a pas commis tous ceux que lui attribue notre auteur, il faut bien convenir qu'au XIVe siècle, presque personne, en France, en

Angleterre ou en Espagne, ne l'en croyait innocent. Froissart est également dur et injuste pour Valentine de Milan, duchesse d'Orléans, qu'il n'est pas éloigné de regarder comme une empoisonneuse. Mais, outre qu'elle était exécrée dans le monde où il vivait (1), on ne doit pas perdre de vue qu'elle était d'une famille dont l'histoire, tachée de sang presque à chaque page, la recommandait mal à l'opinion publique.

Si Froissart est généralement équitable pour les rois et les nobles, il ne l'est pas toujours, en revanche, pour les gens du commun. C'est là son tort le plus grave. Il ne s'intéresse pas assez aux souffrances, aux plaintes, aux revendications de la roture. Il partage à l'égard du populaire les dédains et les préventions de l'aristocratie. La foule à ses yeux est faite pour bêcher et obéir, les seigneurs pour briller dans les joutes et pour commander. Quand les vilains veulent aller en guerre, ils lui paraissent tout à fait ridicules. Il ne croit pouvoir trop railler, par exemple, les bourgeois de Bruxelles, qui ont voulu suivre le duc de Brabant à la bataille. Il nous les montre sur les champs, montés à cheval, et *leurs valets par derrière eux, portant flacons et bouteilles pleines de vins, troussées à leurs selles, et aussi pain et fromage ou pâtés de saumons, de truites et d'anguilles, enveloppés de belles petites blanches toiles;* et ces gens-là causaient un tel embarras,

(1) Le plus grand ennemi du duc et de la duchesse d'Orléans était, on le sait, le duc de Bourgogne; or ce dernier et le comte de Hainaut, Aubert de Bavière, étaient étroitement unis, grâce à un double mariage de leurs enfants, et Froissart était un des familiers de la cour de Hainaut.

ajoute-t-il, *qu'on ne se pouvait aider de nul côté.*

Il va sans dire que ces soldats grotesques se sauvent dès le premier engagement. C'est du moins ce que Froissart a ouï dire à ses nobles informateurs, et ce qu'il croit trop complaisamment. A Caen, où il est prouvé que les bourgeois résistèrent avec la plus grande vigueur aux troupes d'Édouard III, il ne nous parle que de leur débandade.

« Ils yssirent hors de la ville... et fissent grant semblant de bien deffendre et de leur vie mettre en aventure... Sitost que ces gens bourgeois de Kem virent les bannières dou roy englès et de ses marescaus approchiés et tant de si belles gens d'armes que onques n'avoient veut, il eurent si grant paour que tout chil del monde ne les euissent retenut que il rentraissent en leur ville... » (T. IV, p. 405-406.)

TRADUCTION. — « Ils sortirent de la ville... et firent grand semblant de (*vouloir*) bien la défendre et de risquer leur vie... Sitôt que ces bourgeois de Caen virent les bannières du roi d'Angleterre et de ses maréchaux et si grand nombre de beaux hommes d'armes qu'ils n'en avaient jamais vu autant, ils eurent si grand'peur que personne au monde n'eût pu les empêcher de rentrer dans leur ville... »

A Crécy, les gens des communes, s'il faut l'en croire, brandissaient leurs épées à plus de deux lieues de l'ennemi en criant : « A mort, à mort, ces traîtres Anglais ! Jamais un n'en retournera en Angleterre. » Puis, avant même de les avoir aperçus, ils s'enfuirent. On voit que les manants, au gré de notre auteur, feraient mieux de rester chez eux. Si par hasard ils prennent les armes contre leurs rois ou leurs seigneurs, ils ne sont plus ridicules, ils sont odieux. Les Jacques sous Jean le Bon, les insurgés de Kent sous Richard II, ne sont que *méchantes gens*, *forcenés*, *bêtes féroces*, *chiens enragés;* les nobles leur courent sus, les égorgent par troupeaux et font bien.

Froissart n'est donc pas indulgent pour le peuple. Est-il injuste de parti pris ? Bien loin de là. Il lui arrive souvent de reconnaître, dans cette classe qu'il n'aime pas, autre chose que de l'ignorance et de bas instincts. Il rend en quelques endroits justice aux grandes qualités de certains chefs bourgeois, comme le Gantois Ackerman, les deux Artewelt, et même Étienne Marcel. Il respecte et signale la patriotique douleur des Rochellois qui, livrés à l'ennemi par le traité de Brétigny, déclarent qu'ils honoreront les Anglais des lèvres, mais non du cœur. Quand d'injustes rancunes de princes font monter sur l'échafaud l'illustre et vertueux Jean Desmarets (1), toutes ses sympathies sont pour la victime.

« Entrues que on l'amenoit à sa décolation sus une charrète..., il demandoit : « Où sont chil qui m'ont jugiet ? Il viègnent avant et me monstrent la cause et la raison pour quoy m'ont jugiet à mort. » Et là prêchoit-il le peuple en alant à sa fin et ceux qui devoient morir en sa compagnie, dont toutes gens avoient grant pitié ; mais il n'en osoient parler. Là fu il amenés au marchiet des halles, et là devant luy tout premiers furent décollé chil qui en sa compaignie estoient.... Quant on vint pour décoller maistre Jehan des Marès, on ly dist : « Maistre Jehan,

(1) Accusé à tort d'avoir favorisé les *Maillotins* en 1382.

cryés merchi au roy que il vos pardonne vos fourfais. » Adont se retourna il, et dist : « Jou ay servi au roy Phelippe son ave et au roy Jehan son tayon et au roy Charle son père bien et loiaulment, ne onques chil troy roy si prédécesseur ne me seurent riens que demander, et ossi ne feroit cils-chi, se il avoit eage et cognissanche d'omme. Se ne li ay que faire de cryer merchy ; mais à Dieu voel-je cryer merchy et non à autruy... » Adont prist-il congiet au peuple dont la grigneur partie ploroit pour luy. En cel estat morut maistres Jehan des Marès. » (T. X, p. 198-199.)

TRADUCTION. — « Tandis qu'on le menait à sa décollation sur une charrette, il demandait : « Où sont-ils ceux qui m'ont jugé ? Qu'ils s'avancent et me montrent la cause et la raison pour lesquelles ils m'ont condamné à mort. » Et là, en allant à sa fin, il prêchait le peuple et ceux qui devaient mourir en sa compagnie, ce qui faisait pitié à tout le monde ; mais on n'osait parler. Là, il fut amené au marché des Halles, et là devant lui tout d'abord furent décapités ceux qui étaient à sa compagnie... Quand on vint pour décapiter maître Jean Desmarets, on lui dit : « Maître Jean, criez merci au roi, pour qu'il vous pardonne vos forfaits. » Alors il se retourna et dit : « J'ai servi le roi Philippe, son bisaïeul, et le roi Jean, son grand-père, et le roi Charles, son père, bien et loyalement, et jamais ces trois rois ses prédécesseurs ne me surent rien demander, et ainsi ferait celui-ci, s'il avait âge et connaissance d'homme... Je n'ai donc que faire de lui crier merci ; mais c'est à Dieu que je veux crier merci, et non à un autre... » Alors il prit congé du peuple, dont la plus grande partie pleurait pour lui. Voilà comment mourut maître Jean Desmarets. »

Si, au lieu d'un homme, l'aveugle brutalité du vainqueur frappe toute la population d'une ville, c'est parfois en termes touchants, presque indignés, que Froissart raconte le fait. En 1370, le prince de Galles reprend Limoges, et ordonne d'en tuer tous les habitants, hommes, femmes et enfants. Ce fut grand'pitié, dit notre chroniqueur :

« Car hommes, femmes et enfans se jettoient en genouls devant le prince et crioient : « Merci, gentils sires, merci ! » Mais il estoit si enflammé d'aïr que point n'i entendoit, ne nuls n'estoit oïs, mès tout mis à l'espée quanques on trouvoit et encontroit,... ne je ne sçai comment il n'avoit pité dei povres gens qui n'estoient mies tailliet de faire nulle trahison... Il n'est si durs coers, se il fust adont à Limoges et il li souvenist de Dieu, qui ne plorast tenrement dou grant meschief qui y estoit, car plus de III^{m} personnes, hommes, femmes et enfans, y furent décolet celle journée. Diex en ait les ames, car il furent bien martir.. » (T. VIII, p. 41.)

TRADUCTION. — « Car hommes, femmes et enfants se jetaient à genoux devant le prince et criaient : « Merci, noble sire, merci ! » Mais il était si enflammé de colère qu'il n'y entendait point, et nul n'était écouté ; mais tous étaient mis à l'épée, tant qu'on en trouvait et rencontrait... Et je ne sais comment il n'avait pitié des pauvres gens, qui n'étaient point taillés pour faire trahison... Il n'est cœur si dur, s'il fut alors à Limoges et qu'il lui souvînt de Dieu, qui ne pleurât tendrement du grand malheur qui y était, car plus de trois mille personnes, hommes, femmes et enfants, y furent décollés en cette journée. Dieu en ait les âmes, car ils furent bien martyrs ! »

Quand on a lu ces lignes, on pardonne à Froissart bien des jugements ironiques ou acerbes sur ce *commun peuple*, au milieu duquel il ne vivait pas et qu'il ne pouvait bien connaître. S'il le maltraite souvent dans ses récits, ce n'est pas qu'il le haïsse. C'est bien plutôt qu'il ne le comprend pas. Il n'est jamais entré dans sa pensée, d'ailleurs, de faire l'histoire des bourgeois ou des paysans. S'ils tiennent une certaine place dans ses chroniques, c'est à raison de leurs rapports avec la société féodale, la seule, à ses yeux, qui produise des héros et dont les annales méritent d'être transmises à la postérité. Froissart, nous croyons l'avoir montré, n'a de parti pris manifeste pour aucun pays, pour aucun roi, pour aucune famille. Il n'a de haine personnelle ni contre les hommes ni contre les classes. Gardons-nous cependant de le croire indifférent au bien et au mal. Mais qu'entend-il par ces deux mots ? Quelle est la règle supérieure qui lui sert à juger les faits et leurs auteurs ? En d'autres termes, de quelles idées découle sa morale historique ? C'est ce que nous allons rechercher dans le chapitre suivant.

CHAPITRE V

FROISSART (*suite*). — SA MORALE.

Le principe qui sert à Froissart de règle commune pour apprécier les actions des hommes, c'est l'honneur chevaleresque, tel qu'on le comprenait au XIVe siècle. Ce n'est pas tout à fait l'honneur moderne. La morale de notre chroniqueur admet tant de compromis, elle a les mailles si larges, elle passe l'éponge sur tant de taches qu'elle ne saurait être la nôtre.

Nous ne voulons point dire que Froissart ait des sentiments bas ni qu'il soit complaisant de parti pris pour les mauvais instincts de l'humanité. Bien loin de là. Il est pour sa part honnête homme. S'il s'attache presque exclusivement dans ses récits à exalter la chevalerie, c'est qu'il voit en elle la plus noble et la plus glorieuse institution de ce monde. Malheureusement, il se laisse charmer par de brillantes apparences et prend avec trop de légèreté ce qui est pour ce qui doit être. Nourri depuis l'enfance d'épopées féodales, il vit dans une société où l'on ne lit et n'admire, en fait de livres, que les chansons de gestes ou les romans de la Table Ronde, dont on affecte sans cesse de prendre pour modèles les plus impeccables héros. Jamais, à ce qu'il semble, la chevalerie n'a été célébrée avec plus d'éclat par la noblesse qu'au XIVe siècle. C'est le temps où Édouard III fonde l'ordre de la *Jarretière*, où Jean le Bon crée celui de l'*Étoile*, ou d'autres instituent celui de la *Dame blanche*. Un ami de Froissart, Geoffroy de Charny, écrit sur les devoirs du chevalier un livre touchant, que ces lignes d'un auteur moderne (1) résument assez bien : « Être fidèle à son Dieu, à son épée et à sa dame, flétrir également celui qui trahit l'honneur, comme celui qui trahit la beauté, braver l'orgueil et la force, protéger le malheur et la faiblesse, joindre au courage indomptable des camps la générosité et le dévouement d'une fraternité toute chrétienne, telles étaient les bases sur lesquelles reposait la chevalerie. » Mais c'était là l'idéal. Avait-il jamais été atteint ? Je ne sais. Ce qu'il y a de certain, c'est que les gentilshommes en étaient beaucoup plus éloignés à l'époque de Philippe VI ou de Charles V qu'au temps de saint Louis ou de Philippe-Auguste. L'abaissement de la papauté, les conflits dynastiques et bien d'autres causes encore avaient altéré chez les nobles le sentiment de leurs obligations morales. Les caractères s'étaient dépravés, les mœurs étaient devenues plus violentes, les passions plus hardies, les consciences moins timorées. Seulement, plus on déviait en fait des vieilles traditions, plus on leur témoignait ostensiblement de respect. Plus on s'écartait des principes, plus on les invoquait ; plus on entrait dans l'âge de fer,

(1) M. Kervyn de Lettenhove, *Étude sur la vie de Froissart*, p. 193.

plus on se réclamait de l'âge d'or. On conservait les formes de la chevalerie ; trop souvent on en dénaturait l'esprit, grâce à une casuistique si commode qu'on s'habituait aisément à la croire légitime. Beaucoup, sans la pratiquer, finissaient par la trouver naturelle. Le respect humain, l'influence des exemples accumulés empêchaient de protester. On était dupe des mots et des dehors. C'est ainsi que Froissart a pu de bonne foi se faire l'apologiste d'un monde d'où la vertu, sans doute, n'était point bannie, mais où le vice tenait malheureusement une trop grande place.

Ce qui entretient surtout ses illusions sur la noblesse, c'est qu'elle est en général très brave et que le courage est à ses yeux la marque distinctive du chevalier. S'il entreprend d'écrire les *honorables emprises, nobles aventures et faits d'armes* qui remplissent ses chroniques, c'est pour que *les preux a ent exemple d'eux encourager en bien faisant*. Être preux, c'est pour lui le premier devoir d'un homme de race.

Le gentilhomme est né pour les armes. Il passera donc sa vie à chercher des combats. Peu importe la cause qu'il soutient, peu importe qu'il soit vainqueur ou vaincu. S'il accepte tous les défis, s'il se jette au plus fort de la mêlée, sans espoir d'en réchapper, comme Jean l'Aveugle (1) à Crécy, s'il fait vœu,

(1) Jean de Luxembourg, roi de Bohême, qui avait accompagné Philippe de Valois et qui, entendant dire que les Français avaient le dessous, supplia les gentilshommes de sa suite de le mener au milieu des combattants, *si avant* qu'il pût *férir un bon coup d'épée*. Ils obéirent, se lièrent entre eux par les freins de leurs chevaux et se firent tous tuer avec leur vieux maître.

comme les chevaliers de l'Étoile, de ne jamais reculer de plus de quatre arpents, c'est un preux, et ses ennemis même s'empresseront de le célébrer comme tel. Édouard III, qui vient de capturer Eustache de Ribemont, lui décerne le prix de la bravoure et lui donne son chapeau garni de perles, en le priant de le porter en témoignage de son admiration. Le soir de Poitiers, le Prince Noir sert humblement à table le roi Jean prisonnier, et lui dit de fort bonne foi qu'au lieu de pleurer sa défaite il a lieu de se réjouir, car il vient de *conquérir le haut nom de prouesse* et a *passé tous les mieux faisants de son côté.* L'essentiel pour un homme d'armes est donc d'être vaillant et de se battre. Si la guerre a cessé en France, il ira en Espagne, en Écosse — ou plus loin. Si la paix est générale, il faut cependant bien qu'il puisse de temps à autre donner un coup de lance ou un coup d'épée ; il courra les tournois et les joutes, fêtes brillantes où souvent le sang coule, où parfois des tenants sont blessés à mort. Il ira même chercher aventures en tout pays, provoquer le premier venu, sans autre raison que le désir de faire prouesse. C'est pousser, on le voit, le point d'honneur bien loin ; et ne semble-t-il pas, comme l'a fait observer de nos jours un fin critique, que l'effort dépasse le devoir et qu'il y a un peu d'excès et de vide dans cet héroïsme sans motif (1) ?

Cet excès vaut mieux, à tout prendre, que celui de la prudence. Mais, chose étrange et que Froissart

(1) G. Boissier, *Froissart restitué d'après les manuscrits* (*Revue des Deux-Mondes* du 1er février 1875).

ne paraît pas voir, cette vaillance exaltée n'exclut pas, chez les chevaliers du XIVe siècle, certaines préoccupations très positives et un esprit de conservation quelque peu bourgeois. D'abord, si les vilains combattent presque découverts et sont égorgés par milliers, les gentilshommes sont bardés de fer de la tête aux pieds et ne périssent qu'en petit nombre. Puis, s'ils ne se sentent pas en forces, s'ils sont entourés, sans moyens de se dégager, il est fort rare qu'ils ne demandent pas à se rendre. Les plus illustres batailleurs de ce temps-là, et du Guesclin tout le premier, ont été prisonniers plusieurs fois et n'en ont nul regret. Beaucoup aussi n'hésitent pas à prendre la fuite s'ils voient le combat mal tourner, et nul ne s'en étonne ni ne s'en scandalise. Le soir de Crécy, après deux heures d'engagement, Philippe de Valois n'a plus autour de lui que quatre hommes. A Poitiers, les deux tiers de l'armée française se retirent sans donner dès le commencement de l'action. Cette fois, par exemple, le peuple trouve que la noblesse a été trop circonspecte, et n'épargne pas dans ses propos les seigneurs qui ont donné l'exemple de la débandade.

Il arrive aussi parfois que les provocations les plus bruyantes cachent le désir secret d'éviter le combat. Le point d'honneur chevaleresque veut que le chef d'une armée ne se retire pas sans avoir livré bataille à son adversaire, qu'il le défie publiquement, qu'il lui assigne ou lui demande le jour et le lieu de la rencontre. Se dérober en pareil cas serait honteux. Mais on se met, comme Édouard III à Buiron.

fosse, derrière un marais impraticable, ou l'on chicane sur les conditions de l'ennemi, et l'on décampe ensuite fièrement, en l'accusant de couardise ou de mauvaise foi.

Nous avons dit plus haut que parfois le *preux* se battait sans motif. En général pourtant il servait une cause. Mais laquelle? et quelle idée se faisait-il de ses devoirs envers celle qu'il avait embrassée ?

La religion avait été, au XIIe et même au XIIIe siècle, un des plus puissants mobiles de la chevalerie. Les croisades le prouvent bien. Au XIVe, le monde féodal est encore pieux; il s'indigne à la vue des progrès de l'Islam. Sans cesse il menace d'aller venger le Christ, mais en somme il ne bouge guère, et les Turcs avancent toujours. La guerre sainte est prêchée par les papes. Philippe de Valois, Jean le Bon vont prendre la croix à Avignon. Mais ils ont toujours de bonnes raisons pour ne pas partir. Édouard III, sollicité, ne s'engage même pas. Le roi de Chypre, l'empereur de Constantinople, le roi d'Arménie parcourent vainement l'Europe en suppliants et ne peuvent ébranler la chrétienté. On voit même des rois de Castille s'unir étroitement aux Maures de Grenade. Sans doute, il est de mode, parmi les gentilshommes, d'aller rompre isolément quelques lances contre les musulmans ou contre les païens du Nord. C'est à cette époque un complément d'éducation militaire qu'il est de bon ton d'aller chercher en Orient ou en Prusse. Parfois, mais rarement, les volontaires de la foi sont assez nombreux pour former une petite armée ; on a ainsi un semblant de croisade sous le duc de Bourbon en 1390, sous le comte de Nevers en 1396. Mais ce sont seulement les désœuvrés qui partent; bien des seigneurs, comme Albert de Bavière et son fils le comte d'Ostrevant, trouvent plus sage de guerroyer en Frise pour le profit que d'aller en Hongrie *pour la vaine gloire de ce monde.* Ceux qui demeurent en pays chrétiens n'ont, en fait, qu'un respect fort médiocre pour l'Église et ses représentants. Les hommes d'armes pillent sans scrupule les lieux sacrés, maltraitent les moines, outragent les religieuses, égorgent les vaincus jusque dans les églises, rançonnent le pape, comme du Guesclin, et se réservent de racheter leurs méfaits au lit de mort par quelques fondations pieuses. Comment, du reste le clergé, serait-il mieux traité, quand des évêques ou des abbés vont à la guerre et quand deux papes, se disputant la tiare, discréditent chaque jour l'autorité du Saint-Siège par leurs complaisances ou leurs menaces?

Le parfait chevalier ne devait pas seulement servir Dieu, il devait aussi être l'esclave de sa dame. L'amour, comme la foi, et plus encore, est à l'ordre du jour au temps de Froissart. Les romans de la Table Ronde ont porté leurs fruits. Les dames, en grand appareil, président aux tournois, animent les combattants, décernent le prix de l'adresse et de la vaillance. Aux joutes de Smithfield, sous Richard II, elles tiennent les chevaliers par de petites chaînes d'argent et les conduisent ainsi dans la lice. Tout bon gentilhomme a pour sa belle un culte aussi respectueux et aussi fidèle que passionné. Il va par e monde, offrant à tout venant de se battre avec lui pour l'amour d'elle. Il reçoit d'elle sa devise et ne souffre pas qu'un autre chevalier en porte une semblable. La veille de Poitiers, le maréchal de Clermont et Jean Chandos se rencontrent aux avant-postes et s'interpellent avec colère.

« — Chandos, demande le premier, depuis quant avés-vous empris à porter ma devise ? — Et vous la mienne, ce respondi messires Jehans Chandos, car otant bien est-elle mienne comme elle est vostre. — Je le vous nye, dist messires Jehan de Clermont, et se ne fust la souffrance qui est entre les vostres et les nostres, je le vous montrasse tantost que vous n'avés nulle cause dou porter. — Ha ! ce respondi messires Jehan Chandos, demain matin vous me trouverés tout apparillé de prouver par fait d'armes que otant bien est-elle mienne comme vostre. » (T. V, p. 418.)

TRADUCTION. — « Chandos, depuis quand vous êtes-vous avisé de porter ma devise ? — Et vous la mienne, répondit messire Jehan Chandos, car elle est bien autant mienne qu'elle est vôtre. — Je vous le nie, dit messire Jean de Clermont, et, sans la trêve qui est entre les vôtres et les nôtres, je vous montrerais sur-le-champ que vous n'avez nulle raison de la porter. — Ha ! répondit messire Jean Chandos, demain matin vous me trouverez tout prêt à prouver par les armes qu'elle est aussi bien mienne que vôtre... »

La galanterie inspire encore à cette époque les vœux les plus extravagants, les actes les plus téméraires. Au moment où va commencer la guerre de Cent Ans, des chevaliers anglais se couvrent un œil d'un morceau de taffetas rouge et jurent à leurs *mies* de ne le point ouvrir qu'ils n'aient fait *prouesses de leurs corps au royaume de France*. Olivier de

Mauny, assiégé dans Rennes, fait une sortie simplement pour enlever à un Anglais, qui le nargue, quelques perdrix tuées à la chasse, et, après un violent combat, rapporte triomphalement le gibier aux dames de sa connaissance. Le duc de Lancastre, chef des assiégeants, est émerveillé, veut le voir, le fête, le comble de cadeaux et ne le quitte qu'en lui disant : « Mauny, je vous prie que vous me recommandiez aux dames et demoiselles de la ville et leur dites que nous leur avons souvent souhaité perdrix. » (Liv. I, 2e partie, ch. 57.)

Il va sans dire qu'un chevalier digne de ce nom tient à honneur de voler au secours de toute femme en péril. A Meaux, en 1358, beaucoup de nobles dames sont sur le point de tomber au pouvoir des *Jacques*. Le comte de Foix et le captal de Buch, qui passent par hasard aux environs, se font un devoir de les délivrer en exterminant cette *pendaille*. Mais ce n'est pas seulement en surexcitant les courages que la beauté exerce son empire sur les gens de guerre. C'est aussi en calmant les colères et en atténuant les vengeances. Gaston Phœbus diminue de 50,000 écus la rançon d'un prisonnier, pour ne pas déplaire à la princesse de Galles. Grâce à la comtesse de Douglas, Édouard III s'abstient de brûler Édimbourg, et le même roi, pour avoir vu pleurer à ses pieds sa femme, Philippe de Hainaut, gracie en maugréant les six notables de Calais.

Tant d'héroïsme, tant de courtoisie séduisent et enchantent Froissart. Il voit bien cependant que sous ce vernis de roman, les paladins du XIVe siècle cachent parfois d'assez vilaines passions. La brutalité, la corruption ne sont que trop manifestes souvent dans la société qu'il fréquente. Édouard III, si galant à ses heures, emprisonne sa mère et la tient claquemurée plus de vingt-huit ans. La comtesse de Foix, la comtesse de Boulogne, bien d'autres grandes dames doivent fuir leurs maris. De braves chevaliers, quand ils prennent une ville, se souillent de violences abominables et ne sont pas pour cela beaucoup moins considérés. Il n'est presque pas un prince ou un grand seigneur marié qui n'ait des maîtresses ; le duc de Lancastre, veuf, finit par épouser la sienne, et, dans certaines maisons, le nombre des enfants naturels publiquement élevés par leur père dépasse de beaucoup celui des légitimes. Que devient, au milieu de ce dévergondage, l'amour mystique et pur chanté par les poètes ?

Si l'on ne se bat plus guère pour Dieu et si l'on n'est pas trop fidèle à sa dame, est-on du moins plus attaché à son pays et à son seigneur ? Parcourez les chroniques de Froissart et vous verrez que ses héros ne semblent pas encore se faire une idée bien nette de leurs devoirs envers la patrie. Ces devoirs, les gens des villes, en France, en Portugal, en Flandre et ailleurs, commencent à les comprendre (1), sans en mesurer exactement l'étendue. Les gentilshommes manifestent bien parfois

(1) *V.* la curieuse histoire du complot par lequel les Rochellois se débarrassèrent de la domination anglaise, en 1372. (T. X, p. 180-187.)

un certain amour-propre national. Un Courtenay vient en France, pour la gloire de l'Angleterre, offrir le combat à quiconque voudra se mesurer avec lui. Boucicaut et deux de ses amis vont, près de Calais, batailler la lance au poing *contre tout venant* et *gardent* ainsi, un mois durant, *l'honneur du royaume de France.* Froissart admire fort de pareilles prouesses, inspirées surtout par l'orgueil. Mais il n'admet pas, d'autre part, qu'on soit coupable uniquement pour avoir porté les armes contre son pays. Et il est en cela d'accord avec beaucoup de ses contemporains. Un gentilhomme qui croit avoir subi dans sa patrie quelque injustice ou qui n'y possède plus rien n'est pas coupable, à ses yeux, d'en adopter une autre et de tourner ses armes contre son pays natal. Ce Denis de Morbecque qui reçoit le gant du roi Jean et qui sert le roi d'Angleterre lui paraît tout à fait dans son droit. Robert d'Artois et Godefroi d'Harcourt, qui vont chercher l'ennemi pour l'introduire en France, n'en sont pas moins pour lui des hommes d'honneur. On voit combien, à cet égard, les idées du chroniqueur diffèrent des nôtres.

Ce n'est pas la patrie qui est sacrée pour lui, c'est le seigneur, c'est le lien féodal. Tout vassal se doit à son suzerain, tant qu'il ne lui a pas publiquement retiré sa foi, qu'il n'a pas été délié par lui-même ou qu'il n'a pas à se plaindre d'une violation de ses droits. Telle est la loi, et l'honnête Froissart n'entend point qu'on l'enfreigne. « Oncques gentil cœur, dit-il, ne pensa ni ne fit trahison. »

Aussi témoigne-t-il hautement son estime aux âmes loyales qui se refusent, sous ce rapport, à tout compromis. Jean et Guy, fils de Charles de Blois, captifs à Londres et à qui on offre non seulement la liberté, mais le duché de Bretagne, s'ils veulent *se tourner Anglais*, refusent avec indignation. Notre auteur a bien raison de les louer. Mais que de seigneurs moins scrupuleux trouvent à cette époque, sans exciter sa réprobation, des biais ingénieux pour changer de maître au gré de leurs intérêts ! Certains d'entre eux, il est vrai, possédant à la fois des fiefs dans plusieurs États, peuvent arguer de l'embarras où ils se trouvent quand la guerre se produit entre leurs différents suzerains. Le parti le plus honnête, en pareil cas, est de faire reconnaître son droit à la neutralité. C'est celui que prennent, par exemple, le sire de Pommiers et le sire de Coucy, qui ont d'égales obligations envers le roi de France et envers le roi d'Angleterre. D'autres sont plus subtils. Le comte de Hainaut, en 1339, sert Édouard III contre Philippe de Valois devant Cambrai, parce que cette ville est située dans l'Empire ; le jour où il franchit la frontière de France, non seulement il le quitte, mais il va rejoindre Philippe. Il en est de moins scrupuleux. Jean de Montfort, qui dépend de Charles V comme duc de Bretagne, d'Édouard comme comte de Richmond, et qui n'a point de griefs à formuler contre le premier de ces souverains, n'hésite pas à introduire les Anglais dans la ville de Brest. Charles le Mauvais, indépendant comme roi de Navarre et qui ne doit rien au roi d'Angleterre, lui ouvre cependant ses places de Normandie. Certains, plus hardis, et qui n'ont qu'un seul maître, se vendent purement et simplement à un autre. Quelques-uns paient de la vie cette facilité à changer de suzerain. Si ce sont de pauvres sires, Froissart trouve assez naturel qu'on leur coupe la tête ou qu'on les jette à l'eau cousus dans un sac. Si ce sont de grands seigneurs, comme le comte d'Eu, il pense qu'on a été pour eux un peu sévère. Comment concilie-t-il l'estime qu'il accorde à des gentilshommes qui, pour de l'argent, ont changé de camp, avec son opinion sur l'inviolabilité des serments féodaux ? je ne saurais le dire. Jean de Hainaut lui a sans doute expliqué par des raisonsplausibles pourquoi il avait passé, en 1346, du service de l'Angleterre à celui de la France. A ses yeux aussi, les seigneurs de Gascogne, que Charles V a gagnés, en 1368, surtout par des avantages matériels, ont eu des motifs honorables pour se tourner contre le Prince Noir. Quoi qu'il en soit, il ne les blâme pas et rien n'indique qu'il les regarde comme ayant forfait à l'honneur.

Tous les vassaux, comme on voit, ne sont pas fidèles, au XIVe siècle. Nombre de barons ne font point difficulté de trahir leur seigneur. A plus forte raison n'observent-ils pas envers leurs ennemis, parfois même envers leurs amis, une loyauté bien scrupuleuse. Le guet-apens et l'assassinat sont fréquents dans la société féodale et princière de cette époque. Gaston Phœbus somme un de ses cousins, qui est venu le voir sans défiance, de lui livrer le château qu'il commande, et, sur son refus, le poignarde net. C'est le même personnage qui, soupçonnant (peut-être à tort) son fils (un enfant de quinze ans) de vouloir l'empoisonner, le fait jeter dans un cachot et, quelques jours après, le tue de sa propre main. Cela n'empêche pas Froissart de dire *qu'en toute chose il était si très parfait qu'on ne le pourrait trop louer*. Le bon chanoine pousse, à ce qu'il nous paraît, l'indulgence un peu loin. Le roi de Navarre, qui en veut au connétable de la Cerda, le fait guetter et mettre à mort par ses sicaires dans la petite ville de Laigle. Le duc de Bretagne attire Clisson dans un de ses châteaux comme pour lui en montrer les beautés, puis le retient et, après l'avoir menacé de mort, le rançonne impitoyablement. C'est encore Clisson qu'un autre grand seigneur vient attendre un soir en plein Paris, avec quarante coupe-jarrets, et laisse pour mort sur le pavé. Henri de Transtamare tue son frère, qu'une trahison a fait tomber en son pouvoir. Richard Ier capture par fraude son oncle Glocester qui, peu de jours après, périt étouffé dans sa prison. Certes Froissart n'approuve point ces crimes, dont plusieurs même lui paraissent odieux. Mais on voudrait qu'il en flétrît explicitement les auteurs, et c'est ce qu'il ne fait pas.

Il blâme en somme de pareils actes, parce que les victimes ne pouvaient s'attendre à leur sort. Mais ce qui lui paraît absolument légitime, ce sont les stratagèmes si variés, parfois si odieux, dont les hommes d'armes sont coutumiers en temps de guerre et qui seraient aujourd'hui réprouvés par le droit des gens. C'est avec un plaisir toujours renaissant qu'il en apprend de nouveaux et qu'il les raconte. A l'égard de l'ennemi, toute supercherie lui semble permise.

Un gentilhomme vient voir son frère qui, sans méfiance, lui ouvre son château. Et il s'empare de la place pour la livrer. Un autre s'approche d'un châtelain, qui lui parle par une lucarne ; il le prie de lui donner la main et, quand il la tient, menace de la clouer au mur avec son poignard si l'imprudent seigneur ne lui fait pas passer les clefs de la forteresse. Des capitaines font déguiser leurs hommes en porteurs d'eau ou en bûcherons et s'introduisent ainsi frauduleusement dans les postes dont ils désirent s'emparer. Le gouverneur d'un castel presque inexpugnable se rend parce que l'assiégeant, qui a pu capturer son père et sa mère, fait mine de leur couper la tête. Du Guesclin et Boucicaut feignent d'être poursuivis et demandent en grâce aux habitants de Nantes de leur donner asile ; une fois entrés avec leurs hommes, ils occupent la ville et massacrent toute la population (1). Ce sont là, aux yeux de Froissart, de bons tours qui doivent, à son sens, exciter notre admiration comme la sienne. Il ne pense pas, d'autre part, qu'on doive s'apitoyer sur les égorgements en masse qui suivent d'ordinaire la prise d'une place forte. La guerre est la guerre ; elle coûte la vie à bien des innocents. Le bon cha-

(1) L'anecdote, paraît-il, n'est pas exacte. Mais Froissart la croit vraie et paraît admirer fort la ruse des deux capitaines français.

Statue de Froissart à Valenciennes.

noine admire les vainqueurs et, d'ordinaire, ne perd pas plus qu'eux son temps à plaindre les victimes. Que le duc d'Anjou, pour obtenir la reddition de Derval, fasse couper la tête à quatre otages ; que le capitaine de Derval riposte en traitant de même quatre prisonniers français ; que le même duc, exaspéré contre le sire de Duras, prenne la ville de ce nom et ordonne d'en massacrer tous les habitants ; que du Guesclin ne se montre pas plus clément à Benon, à Moncontour et ailleurs encore, il n'y a là-dedans rien qui l'étonne ni qui l'irrite. Cette barbarie, pour lui, n'altère pas sensiblement la gloire de ses héros.

Il ne voit non plus ni avec étonnement ni avec dégoût que la guerre soit devenue pour beaucoup de gentilshommes un métier lucratif, un simple et vulgaire brigandage. Pourvu qu'ils observent les formes extérieures de la chevalerie, que, par exemple, un prisonnier relâché sur parole paie fidèlement sa rançon, tout est bien. Froissart ne trouve pas mauvais que le vainqueur dépouille sans pitié le vaincu et ne voie guère dans une bataille qu'une occasion de prises très fructueuses. On ne se bat donc plus pour sa dame, ni pour l'honneur ? Trop souvent non, hélas ! et le bon chanoine, esprit léger, superficiel, semble n'y prendre pas garde.

Il paraît même trouver naturel, presque légitime, que des hommes d'armes fassent ouvertement le métier de pillards et n'en exercent pas d'autre. Ne faut-il pas, en somme, que tout le monde vive ?

« Et tout dis, écrit-il naïvement, gaegnoient povre brigant à desrober et pillier les villes et les chastiaus, et y conquéroient si grand avoir que c'estoit merveilles ; et en devenoient li aucun si riche, qui se faisoient maistres et chapitains des autres brigants, que il en avoit de tels qui avoient bien le finance de XL^{m} escus. Au voir dire et raconter, c'estoit grans merveiles de ce qu'il faisoient. Il espioient, tele fois estoit, une bonne ville ou un bon chastel, une journée ou deux loings, et puis s'assembloient XX ou XXX brigant, et en aloient, par voies couvertes, tant de jour que de nuit, qu'il entroient en celle ville ou en cel chastiel que espyet avoient, droit sus le point dou jours, en boutoient le feu en une maison. Et cil de la ville cuidoient que ce fussent M armeures de fier, qui volsissent ardoir leur ville ; si en fuioient, que mieuls mieuls, et cil brigant brisoient maisons, coffres et escrins et prendoient quanqu'il trouvoient ; puis en aloient leur chemin, tout cargiet de pillage. » (T. V, p. 225.)

TRADUCTION. — Et toujours gagnaient pauvres brigands à dérober et piller villes et châteaux, et ils y conquéraient si grand avoir que c'était merveille ; et quelques-uns, qui se faisaient maîtres et capitaines des autres brigands, en devenaient si riches qu'il y en avait tels qui avaient bien quarante mille écus d'argent. A vrai dire et raconter, c'était grand'merveille que ce qu'ils faisaient. Ils épiaient parfois une bonne ville ou un bon château, à une journée ou deux de distance, et puis s'assemblaient vingt ou trente brigands et s'en allaient par voies couvertes, tant de jour que de nuit, si bien qu'ils entraient dans cette ville ou dans ce château qu'ils avaient épié, droit sur le point du jour, et mettaient le feu à une maison. Et ceux de la ville croyaient que c'étaient mille armures de fer qui voulaient incendier leur ville ; aussi s'enfuyaient-ils à qui mieux mieux, et ces brigands enfonçaient maisons, coffres et écrins, et prenaient tout ce qu'ils trouvaient, puis s'en allaient tout chargés de pillage. »

Parfois aussi ces étranges chevaliers gardaient les

villes et les châteaux pour les revendre à leurs légitimes seigneurs, ou s'y établissaient pour exploiter le pays à leur aise, faisant payer le plus cher possible aux habitants et aux voyageurs, sous forme de saufs-conduits et de sauvegardes, le peu de sécurité qu'ils voulaient bien leur laisser. Tout le long de sa chronique, Froissart exprime son admiration pour les capitaines qui, à force *d'écheller* et de saccager des forteresses, ont fini par acquérir de grosses fortunes. Tel ce Croquart qui, parti de rien, a des coffres remplis d'or et trente chevaux dans son écurie. Tel ce Geoffroi Tête-Noire, qui a fait trembler toute l'Auvergne. Tel ce Bascot de Mauléon, qu'il a vu à Orthez retiré des affaires et si *étoffé*, si satisfait de lui-même. Tels Séguin de Badefol, Arnaud de Cervole, Perrot le Bernois, Talebard Talebardon, enfin tous ces chefs de compagnies, routiers sans foi ni loi, qui, sous couleur de servir le roi de France ou le roi d'Angleterre, ou le roi de Navare, ne servent qu'eux-mêmes, et qui, en pleine paix, continuent à terroriser le centre de la France. Notre auteur trouve naturel qu'ayant pris la douce habitude de saccager les villes et de détrousser les voyageurs, ils aient de la peine à s'en défaire. L'un d'eux, après un désarmement que le roi lui a payé fort cher, regrette avec une éloquente mélancolie ses beaux jours trop tôt envolés. Écoutez en quels termes le fait parler notre auteur :

« — Il n'est temps, esbatemens, or, argent, ne gloire, en ce monde, que de gens d'armes et de guerroier ainsi que par cy-devant avons fait ! Comment estions-nous resjouis quand nous chevauchions à l'aventure et nous pouyons trouver sur les champs ung riche abbé, ou ung riche prieur, ou ung riche marchant, ou une route de mullets de Montpellier, de Narbonne.... chargiés de drap de Bruxelle ou de Moustier-Viller, et de pelleterie venant des foires du Lendit ou d'ailleurs, ou d'espiceries venant de Bruges, ou d'autres marchandises venant de Damas ou d'Alexandrie ? Tout estoit nostre ou raenchouné à nostre voulenté. Tous les jours nous avions nouvel argent. Les villains d'Auvergne et de Limousin nous pourvéoient et amenoient en nostre chastel les blés et la farine, le pain tout cuit, l'avoine pour les chevaulx et la littière, les bons vins, les buefs, les moutons tous gras, et la poulaille et la volaille. Nous estions estoffés comme roys. Et quand nous chevauchions, tout le pays trembloit devant nous... Comment prinsmes-nous Carlat... Caluset...? Comment eschiellasmes-nous, vous et moy, et sans autre ayde, le chastel de Merquel ?... Par ma foy, ceste vie estoit bonne et belle.. » (T. XIV, p. 164.)

TRADUCTION — « Il n'y a temps, ébats, or, argent ni gloire en ce monde que pour les gens d'armes et en guerroyant comme nous avons fait ci-devant. Comme nous étions réjouis quand nous chevauchions à l'aventure et que nous pouvions trouver sur les champs un riche abbé, un riche prieur, ou un riche marchand, ou une troupe de mulets de Montpellier, de Narbonne... chargés de drap de Bruxelles ou de Montivilliers, et de pelleteries venant de la foire du Landit ou d'ailleurs, ou d'épices venant de Bruges, ou d'autres marchandises venant de Damas ou d'Alexandrie ! Tout était à nous ou rançonné à notre volonté. Tous les jours nous avions nouvel argent. Les vilains d'Auvergne et du Limousin nous pourvoyaient et amenaient dans notre château les blés et la farine, le pain tout cuit, l'avoine et la litière pour les chevaux, les bons vins, les bœufs, les moutons, tous gras, et la poulaille et la volaille. Nous étions étoffés comme des rois, et, quand nous chevauchions, tout le pays tremblait devant nous. Comment prîmes-nous Carlat .. Chalusset ?... Comment escaladâmes-nous, vous et moi, sans autre aide, le château de Mercœur...? Par ma foi, cette vie était bonne et belle. »

Ainsi s'exprime cet Aimerigot Marcel, dont Froissart nous raconte avec une évidente complaisance les moins édifiantes prouesses. Et cette vie était si bonne, qu'il ne résiste pas à la tentation de la recommencer. Mal lui en prend, car il finira par tomber au pouvoir d'un officier royal qui lui fera trancher la tête. Comme il a mal tourné, le chroniqueur ne le plaint pas trop. Ce n'était pas un grand seigneur; il est assez naturel que la justice l'ait traité sans trop de façons. On a d'autres égards pour les nobles de race qui, au XIVe siècle, ne sont pas rares dans les Grandes Compagnies. De très hauts personnages avaient pratiqué dans leur jeunesse ou pratiquèrent toute leur vie le brigandage militaire, sans s'attirer ni la haine ni le mépris de leurs contemporains. C'est par là, il faut bien le dire, qu'avait débuté du Guesclin. Un des plus grands seigneurs du Midi, le sire d'Albret, avait longtemps exercé la même industrie. Attaché au service de Charles V, il regrettait parfois amèrement, tout comme Aimerigot Marcel, la *vie bonne et belle* d'autrefois.

« — Dieu merchy, disait-il un jour devant Froissart, je me porte assés bien, mais je avoie plus d'argent, aussi avoient mes gens, quant je faisoie guerre pour le roy d'Angleterre que je n'ay maintenant; car, quant nous chevauchions à l'aventure, ils nous sailloient en la main aucuns riches marchans ou de Thoulouse ou de Condon ou de la Riolle ou de Bergherac. Tous les jours, nous ne faillions point que nous n'eussions quelque bonne prin,se dont nous estions friques et jolis, et maintenant tout nous est mort. » (T. XI, p. 228.)

TRADUCTION. — « Dieu merci, je me porte assez bien, mais j'avais plus d'argent — et mes gens aussi — quand je faisais la guerre pour le roi d'Angleterre que maintenant. Car quand nous chevauchions à l'aventure, il nous tombait sous la main de riches marchands de Toulouse, de Condom, de la Réole ou de Bergerac. Tous les jours nous ne manquions pas de faire quelque prise, qui nous rendait gais et riches, et maintenant, tout nous est mort... »

Remarquez que le roi de France a donné sa belle-sœur en mariage à ce noble brigand. D'autres, comme Robert Knolles et Hugh de Calverly, dont les exploits remplissent une bonne partie des chroniques de Froissart, tiennent le plus haut rang à la cour d'Angleterre. Ils étalent un grand luxe, vivent royalement et se piquent, à leurs heures, d'une galanterie tout à fait romanesque. Un de ces malandrins de haut parage, Eustache d'Auberchicourt, qui, depuis des années, met la Champagne à feu et à sang, inspire aux dames de folles passions comme un héros d'épopée ; une illustre princesse le comble de riches cadeaux et finit par lui demander sa main.

On ne peut donc guère s'étonner que, vivant dans un siècle où de tels hommes étaient moins souvent punis que recherchés et comblés d'honneurs, notre auteur ait lui-même été si indulgent pour la singulière chevalerie du XIVe siècle. Fasciné par l'éclat d'une société vicieuse mais élégante, il trouvait poétique ses excès les plus condamnables.

Aussi n'osait-il trop le blâmer. Au contact d'un monde si violent et si corrompu, le sens du bien et du mal s'était, à certains égards, affaibli en lui. Il rapportait l'un comme l'autre, presque sans les distinguer. Cette espèce d'indifférence lui a permis de retracer avec une fidélité parfaite la physionomie de son époque. Mais, sans être envers lui d'une sévérité outrée, nous avons bien le droit de dire que son autorité morale n'est pas à la hauteur de son autorité historique.

CHAPITRE VI

FROISSART (*fin*). — SON MÉRITE LITTÉRAIRE.

On ne porte pas en quelques pages un jugement complet sur le génie de Froissart. Un volume suffirait à peine pour une pareille tâche. La critique littéraire n'est du reste guère notre fait, et le plan que nous avons adopté ne lui donne que peu de place dans ces études. Nous devons nous borner à mettre ici en relief, principalement par des citations, les qualités maîtresses d'un écrivain qu'on a souvent rapproché d'Hérodote et à qui, sous certains rapports, cette comparaison n'est pas défavorable.

On nous demandera peut-être si, à notre humble avis, il n'a pas de défauts. Hâtons-nous de dire que si. Froissart, qui ambitionne le titre d'*historien*, n'en est pas tout à fait aussi digne que le vieux narrateur des guerres médiques. L'histoire n'est pas seulement la science qui évoque le passé, l'imagination qui le colore, l'anime, le ressuscite; c'est aussi l'art philosophique de grouper les faits et d'en montrer l'enchaînement par une composition bien ordonnée. Cet art n'a jamais que médiocrement préoccupé notre auteur. Nous avons déjà fait remarquer avec quelle aisance et quel mépris des transitions sa plume va sans cesse d'un sujet à un autre, avec quelle complaisance naïve sa biographie se mêle parfois aux grands récits de guerre qui sont le fond de son livre. Nous avons dit de plus qu'il se répète souvent, sans trop y prendre garde. Nous pouvons bien lui reprocher aussi en certains endroits un peu de diffusion. Froissart n'a pas la sobriété de Villehardouin. C'est un Joinville un peu bavard, mais dont le bavardage a tant de charme que, s'il fait parfois sourire, du moins n'endort-il jamais. Mais nous ne nous arrêterons pas davantage à signaler des imperfections qui peut-être, en somme, ne nous indisposent pas à son égard outre mesure. La continuelle variété de ses récits donne à sa chronique tout l'attrait d'un roman d'aventures. Ses longueurs même nous plaisent par l'imprévu des digressions et la nouveauté des détails. Et, tout compte fait, n'y aurait-il pas quelque puérilité pédante et quelque injustice à vouloir que ce trouvère eût écrit comme un maître ès arts et à lui tenir rigueur de son adorable abandon ?

Ce qui prédomine dans son talent, ce qui, du moins, nous frappe le plus, c'est la vivacité avec laquelle il traduit ses impressions historiques. Le moindre de ses récits est un drame, dont les acteurs nous deviennent en un instant familiers. Ses personnages ne sont pas des ombres, ils ne sont pas muets ; ils sont de chair et d'os, ils se menacent, ils s'injurient, ils raillent, comme les héros d'Homère ou des chansons de gestes. Qu'ils aient dit exactement ce que l'auteur leur fait dire, peu importe ; ils ont dû parler ainsi, nous le sentons bien. Écoutez de quel ton Jean Chandos interpelle Kerlouet le Breton et Louis de Saint-Julien :

« Entre vous, François, vous estes bonnes gens d'armes, vous chevauciés à vostre aise et vostre volenté de nuit et de jour. Vous prendés villes et forteresses en Poito, dont je suis séneschaus. Vous rançonnés povres gens sans mon congié. Vous chevauciés partout à tieste armée ; il samble que li pays soit tout vostre, et, par Dieu, non est. Messire Loeis, messire Loeis, et vous Charuel, vous estes maintenant trop grand mestre ; il i a plus d'un an et demi que j'ai mis toutes mes ententes que je vous puisse trouver ou encontrer : or vous vois-je, Dieu merci ; si parlerons à vous et sarons liquels est plus fors en ce pays ou je ou vous. On m'a dit et compté par pluiseurs fois que vous me désiriés à veoir, si m'avés trouvé. Je suis Jehan Chandos... Vos grans apertises d'armes qui sont maintenant si renommés, se Dieu plais, nous les esproverons... » (T. VII, p. 454-455.)

TRADUCTION. — « Entre vous, Français, vous êtes bonnes gens d'armes, vous chevauchez à votre aise et à votre volonté la nuit et le jour. Vous prenez villes et forteresses en Poitou, dont je suis sénéchal. Vous rançonnez les pauvres gens sans ma permission. Vous chevauchez partout, le casque en tête ; il semble que le pays soit tout à vous, et, par Dieu, il ne l'est pas. Messire Louis, Messire Louis, et vous Charruel, vous êtes maintenant trop grands maîtres. Il y a plus d'un an et demi que je mets tout mon désir à vous pouvoir trouver ou rencontrer : or je vous vois, Dieu merci. Nous parlerons donc à vous et saurons qui, de vous ou de moi, est le plus fort en ce pays. On m'a dit et conté plusieurs fois que vous désiriez me voir ; eh bien, vous m'avez trouvé : je suis Jean Chandos... Vos grandes prouesses, qui sont maintenant si renommées, s'il plaît à Dieu, nous les éprouverons... »

De pareils discours ne sont pas rares dans Froissart. Il en est aussi de plus mesurés et de plus solennels, qui ne sont pas moins saisissants. Qu'on se rappelle, par exemple, celui que Charles V adresse à ses frères sur son lit de mort. Souvent aussi c'est de dialogues que Froissart entrecoupe sa narration. Les altercations tragiques, les causeries insinuantes, les colloques railleurs jaillissent de sa plume avec le plus merveilleux à-propos. Le duc de Bourgogne, qui vient de reprendre le pouvoir, entend un jour annoncer Clisson, qu'il n'aime guère. « Qu'on le fasse venir avant », dit-il. Le connétable entre et, fort humblement, dit qu'il est venu savoir « *de l'état et gouvernement du royaume...* » Le duc le regarde *fellement* et s'écrie :

« — Clichon, Clichon, vous ne vous avés que faire d'ensonnyer de l'estat du royaulme, car sans vostre office sera il bien gouverné. Où, diable, avés-vous tant assamblé, ne recueillié de finance que nagaires vous fesistes testament et ordonnance de dix-sept cens mille frans ? Monseigneur, ne beau-frère de Berry, ne moy, pour toute nostre puissance à présent, n'en pourrions pas tant mettre ensemble. Partés vous de ma présence, yssiés de ma chambre, et faittes que plus je ne vous voye ; car, se ce n'estoit pour l'onneur de moy, je vous feroie l'autre oeul crever (1).. » (T. XV, p. 58.)

TRADUCTION. — « Clisson, Clisson, vous n'avez que faire de vous occuper de l'état du royaume, car il sera bien gouverné sans votre office. Où diable avez-vous réuni et recueilli tant d'argent que naguère vous fîtes testament et ordonnance de dix-sept cent mille francs ? Monseigneur (*le roi*), ni beau-frère de Berry, ni moi, malgré toute notre

(1) Clisson était borgne depuis la bataille d'Auray.

puissance, n'en pourrions pour l'heure autant mettre ensemble. Partez de ma présence, sortez de ma chambre, et faites que je ne vous voie plus, car, si ce n'était pour mon honneur, je vous ferais crever l'autre œil... »

Le connétable s'enfuit et fait bien. On a la main prompte dans le monde que nous décrit Froissart, et des paroles aux actes il n'y a pas loin. Les scènes de meurtre ou d'exécution sommaire ne sont pas rares dans l'ouvrage que nous étudions. Presque toujours l'auteur nous les rend plus sensibles par les exclamations ou les discours qu'il met dans la bouche des personnages en cause. Ne croit-on pas voir, par exemple, et entendre le roi Jean, quand il entre à l'improviste et avec fracas dans la grande salle du château de Rouen, où son fils dîne avec Charles le Mauvais ? Il tire ce dernier *moult roide contre lui* en disant : *Or sus, traître, tu n'es pas digne de seoir à la table de mon fils. Par l'âme de mon père, je veux ne plus jamais boire ni manger tant que tu vivras*. Vainement le duc de Normandie se jette à ses pieds. Le roi de Navarre demande grâce et proteste de son innocence. — *Allez, traître, allez*, répète Jean le Bon, *par Monseigneur saint Denis, vous saurez bien prêcher ou jouer de fausse menterie si vous m'échappez*. Et tout aussitôt il fait couper la tête aux gens de sa suite et l'envoie lui-même en prison.

Froissart n'a point assisté à ce drame, et pourtant il nous le rend avec une telle intensité de vie qu'il semble qu'il ait tout vu, tout ouï. Il n'y a pas moins de mouvement et de chaleur dans les scènes populaires qu'il nous retrace. Est-il rien de plus saisissant dans son livre que la mort de Jacques Artevelt, de plus émouvant que son dernier discours? Assiégé dans son hôtel par la foule hurlante qui demande sa tête, le chef des Gantois paraît à la fenêtre et cherche à faire usage de son éloquence, naguère encore toute-puissante : *Bonnes gens, que vous faut-il? Qui vous meut? Pourquoi êtes-vous si troublés contre moi?...* — *Nous voulons*, lui crie-t-on, *avoir compte du grand trésor de Flandre que vous avez détourné sans raison.* Le malheureux promet des explications pour le lendemain. Mais on les veut tout de suite et les cris de mort retentissent de toutes parts.

« Quant d'Artevelle oy ce mot, il joindi ses mains et commença à plorer moult tenrement, et dist : Seigneur, tel que je suis vous m'avez fait, et me jurastes jadis que contre tous hommes vous me défenderiés et garderiés ; et maintenant vous me voulés occire et sans raison. Faire le poés, se vous voulés ; car je ne sui que ung seul homs contre vous tous, à point de deffense. Avisés-vous, pour Dieu, et retournés au temps passé : si considérés les grasces que de jadis je vous ay faites : vous me volés rendre petit guerredon des grans biens que dou temps passé je vous ay fais. Ne savés-vous comment toute marchandise estoit périe en ce pays? Je le vous recouvrai. En apriès, je vous ay gouverné en si grant pais, que vous avés eu, le temps de mon gouvernement, toutes coses à volenté... » (T. IV, p. 316.)

TRADUCTION. — « Quand Artevelt entendit ces mots, il joignit les mains et se mit à pleurer fort tendrement, disant : Seigneurs, tel que je suis vous m'avez fait, et vous me jurâtes jadis que vous me défendriez et garderiez contre tous ; et maintenant vous voulez me tuer, et sans raison. Vous le pouvez faire, si vous voulez, car je ne suis qu'un homme, seul contre vous tous, sans défense.

Réfléchissez, pour Dieu, et rappelez-vous le temps passé ; considérez les avantages que je vous ai procurés jadis : vous me voulez bien mal récompenser des grands biens que je vous ai faits au temps passé. Ne savez-vous comment tout le commerce était perdu en ce pays ? Je vous le rétablis. Puis, je vous ai gouvernés en si grande paix que vous avez eu, au temps de mon gouvernement, toutes choses à volonté... »

Mais la foule exige qu'il descende. Il veut fuir; mais déjà le peuple a forcé sa porte, et il est sur-le-champ massacré.

« Ensi fina d'Artevelle, ajoute l'auteur, qui en son temps fu si grans mestres en Flandre ; povres gens l'amontèrent premièrement, et meschans gens le tuèrent en la parfin... » (T. IV, p. 317.)

TRADUCTION. — « Ainsi finit Artevelt, qui fut en son temps si grand maître en Flandre : pauvres gens l'élevèrent au début, et méchantes gens le tuèrent à la fin. »

Ces retours tragiques de la fortune inspirent souvent à Froissart des réflexions d'une mélancolie qui n'est pas sans grandeur. Quand il nous montre le comte de Flandre poursuivi par les Gantois, réduit à se cacher dans un taudis, sous le lit d'une pauvre femme, et tremblant de peur à la voix des soldats qui le cherchent,

« Quel chose povoit-il là, dieux, penser ne ymaginer? Quant au matin il povoit bien dire : « Je suis li uns des plus grans princes dou monde chrestiens, et la nuit ensuivant il se trouvoit en celle petitesse, il povoit bien dire et ymaginer que les fortunes de ce monde ne sont pas trop estables. Encores grant heur pour luy quant il s'en povoit yssir, saulve sa vie. Toutesfois ceste périlleuse et dure aventure lui devoit bien estre ung grant mirouer et doit estre toute sa vie... » (T. X, p. 28.)

TRADUCTION. — « Dieu ! quelle chose pouvait-il là penser et imaginer, lui qui le matin pouvait dire : « Je suis un des plus grands princes du monde chrétien », et qui la nuit d'après se trouvait en cette misère ! Il pouvait bien dire et imaginer que les fortunes de ce monde ne sont pas trop stables. Encore fut-il fort heureux d'en pouvoir sortir la vie sauve. Toutefois, cette dure et périlleuse aventure lui devait bien être — et doit lui être toute sa vie — un grand enseignement... »

Il ne faut pas croire, d'après les exemples qui précèdent, que la mise en scène soit toujours triste ou terrible dans les chroniques de Froissart. Ses personnages ne parlent pas toujours pour menacer ou pour supplier. Il en est d'enjoués, ou qui feignent de l'être. Tel ce Guillaume de Gauville, qui, avec un art consommé, se fait provoquer aux échecs par le châtelain d'Évreux, uniquement pour pouvoir entrer au château et fendre la tête au trop confiant capitaine (1). Parfois ce sont des assiégés qui, du haut de leurs murailles, font pleuvoir sur les assiégeants non seulement des pierres et des flèches, mais des quolibets et des moqueries. C'est Charles VI, raillant le duc de Berry, son oncle, qui se remarie à cinquante ans passés.

Il y a souvent dans Froissart, au milieu même des récits les plus graves, une fine pointe d'esprit français qui empêche le lecteur de trop s'assombrir et de trouver l'histoire monotone. Une ironie discrète vol-

(1) Liv. I, 2e partie, ch. 59.

tige parfois sur les lèvres de ses personnages. Lui-même ne résiste pas toujours au plaisir de placer çà et là, de son chef, quelque petite malice. Ce n'est qu'un mot, mais cela porte. S'il mentionne le gros impôt levé par le duc d'Anjou pour faire le siège de Bordeaux, qui n'eut pas lieu, il a bien soin d'ajouter que les pauvres gens qui avaient *été travaillés de payer si grande somme ne reçurent pas leurs deniers.* Et s'il nous représente les cardinaux menacés par le peuple de Rome, qui parle de leur faire les têtes plus rouges que leurs chapeaux, il fait remarquer que ces paroles et ces menaces *ébahissaient* bien les cardinaux, qui *aimaient mieux mourir confesseurs que martyrs.*

Il n'est pas besoin d'insister pour faire ressortir ce qu'il y a de dramatique, c'est-à-dire de vivant dans les récits de Froissart, comment il a tiré parti des passions humaines et avec quelle variété il a su les mettre en action. Mais ce n'est pas là son seul mérite. Si ces récits nous frappent par leur animation et leur vivacité, ses descriptions, ses tableaux, nous ravissent par un coloris, un éclat que jamais nul historien n'a surpassés. Froissart n'est pas seulement poète, il est peintre, et peintre incomparable. Chacun de ses tableaux de sièges ou de batailles — et Dieu sait s'ils abondent dans sa chronique — est à lui seul un chef-d'œuvre. Ce paisible chanoine, qui n'a jamais pris de villes et qui, en fait de combats, n'a vu que des tournois, décrit l'attaque d'une place ou l'engagement de deux armées en rase campagne avec plus de feu, plus d'entrain, plus de précision même que Joinville ou Villehardouin. Nous entendons avec lui *descliquer* les canons, nous voyons *traire les mangonneaux ;* sous nos yeux les tours minées s'écroulent avec fracas, les assaillants dressent leurs échelles ; nous assistons à ces *durs boutis* où l'homme d'armes a peine à distinguer l'ami de l'ennemi, où la terre *rosoie* de sang, où les haches s'abattent sur les hommes comme sur des enclumes ; les femmes, les enfants que l'on *met à l'épée* sont là devant nous, qui pleurent et se tordent les mains ; devant nous aussi la ville qui flambe, et les routiers qui tuent, qui pillent, qui boivent. Quand il s'agit d'une armée en marche ou qui s'embarque pour une lointaine expédition, nous voyons flotter et *ventiler* les étendards armoriés, qui *reflamboient* au soleil.

« Grant beaulté et grant plaisance, dit Froissart à propos du duc de Bourbon partant pour l'Afrique, fut à veoir l'ordonnance du département, comment ces bannières, ces pennons et ces escus armoiés bien richement des armes des seigneurs ventiloient au vent et resplendissoient au soleil, et de oyr ces trompettes et ces clarons retentir et bondir, et ménestrels faire leur mestier de pipes et de chalemelles... tant que du son et de la voix qui en yssoient la mer en retentissoit toute... » (T. XIV, p. 157)

TRADUCTION. — « Ce fut quelque chose de bien beau et de bien charmant que de voir l'appareil de ce départ, ces bannières, ces pennons et ces écus, armoriés si richement des armes des seigneurs, qui flottaient au vent et resplendissaient au soleil, et d'ouïr ces trompettes et ces clairons retentir et sonner, et ménestrels faisant leur métier avec musettes et chalumeaux, si bien que le son et le bruit qui en sortaient faisaient retentir toute la mer... »

Mais c'est surtout lorsqu'il s'agit de ranger les armées face à face pour une bataille que Froissart nous donne la mesure de sa verve descriptive. Tout est alors merveilleux, non seulement le coloris, mais le dessin. Pas un accident de terrain ne nous échappe, pas un détail d'armement ou de tactique ne nous est dérobé. Qu'on lise, par exemple, les préliminaires de Crécy ou ceux de Poitiers. Ces morceaux sont trop longs pour être cités ici, mais le passage suivant, pris au hasard dans l'œuvre du chroniqueur, permettrait à lui seul d'apprécier l'éclat et la netteté de ses peintures. Les Flamands sont en présence des Français à Rosebecque. Une heure avant le jour, Philippe Artevelt fait armer ses soldats.

« Tous se départirent de leurs logeis et s'en vinrent en une bruière au dehors d'un bosquetel, et avoient au devant d'eux un fosset large assés... et par derrière eux grant fuisson de ronses, de genestres et de menut bois, et là en che fort lieu s'ordonnèrent à leur aise, et se misrent tout en une grosse bataille drue et espesse, et se trouvoient environ L mille, li plus fort, li plus appert et li plus outrageux et qui le mains acontoient à leurs vies, de Flandres... Et se tenoient chil de Gand et Phelippes et leurs bannières tout devant, et cil de la castelerie d'Alos et de Granmont ; apriés chil de la castelerie de Courtray ; et puis cil de Bruges, dou Dam et de l'Escluse, et cil dou Franc de Bruges ; et estoient armés la grignour partie de maillès, de huvettes, de capiaux de fier, d'auquetons et de gans de baleine, et portoit cascuns un planchon à picot de fier et à virolle, et avoient par ville et par casteleries parures semblables... pour recongnoistre l'un l'autre ; une compaignie cotes faiscies de gaune et de bleu ; li autre à une bende de noir sus une cote rouge ; li autre cheveronnet de blanc sus une cote bleue... Et avoient cascuns banières de leurs mestiers et grandes coutilles à leurs costés parmy leurs chaintures, et se tenoient en cel estat tout quoy, atendant le jour qui vint tantost... » (T. X, p. 158-159.)

TRADUCTION. — « Tous sortirent de leurs logis et s'en vinrent sur une bruyère en dehors d'un petit bosquet ; ils avaient devant eux un fossé assez large... et, par derrière, grand'foison de ronces, de genêts et de menus bois. Et là, en cette forte position, ils se rangèrent à leur aise et se mirent tous en un gros corps, dru et épais ; et ils se trouvaient environ cinquante mille ; c'étaient les plus forts, les plus braves, les plus hardis de Flandre et ceux qui faisaient le moins de cas de leurs vies... Et tout devant se tenaient ceux de Gaud et Philippe, et leurs bannières, avec ceux de la châtellenie d'Alost et de Grammont ; ensuite venaient ceux de la châtellenie de Courtray, puis ceux de Bruges, du Dam et de l'Ecluse et ceux du Franc de Bruges. Ils étaient armés, pour la plupart, de maillets, de huvettes (1), de chapeaux de fer, de hoquetons et de gants de baleine ; et chacun portait un pieu à pique de fer et à virole. Ils avaient parures semblables par villes et par châtellenies, pour se reconnaître : une compagnie portait des cottes fascées de jaune et de bleu ; une autre des bandes noires sur cottes rouges ; une autre des cottes bleues chevronnées de blanc... Et ils avaient chacun les bannières de leurs métiers, et de grands couteaux au côté dans leur ceinture ; et ils se tenaient tout cois en cet état, attendant le jour qui vint peu après... »

Puis le combat s'engage. Artevelt est tué. Les chevaliers français se ruent sur les vilains de Flandre, qu'ils enfoncent, et alors commence une orgie de massacre que la plume de Froissart pouvait seule nous décrire.

« Là entendoient gens d'armes à abattre Flamens, et là

(1) Sorte de casques.

avoient li aucuns haces bien acérées dont il rompoient bachines et escherveloient testes, et li aucuns plommées dont il donnoient si grans horions que il les abatoient tout à terre. A peine estoient Flament cheu, quant pillart et gros varlès venoient, qui se boutoient entre les gens d'armes et portoient grandes coustilles dont ils les parochioient, ne nulle pité il n'en avoient non plus que che fussent chien. Là estoit cliquetis sus ces bachines si grans et si haus d'espées et de haces, de plommées et de maillès de fier et de planchons, que on n'y ooit goute pour la noise, et oy dire que, se tout li hyaumier de Paris et de Brouxelles fussent ensamble, leur mestier faissant, il n'euissent point mené, ne fait si grand noise comme li combattant et li ferant sur ces bachines faisoient... » (T. X, p. 170-171.)

TRADUCTION. — « Là travaillaient les gens d'armes à abattre les Flamands. Les uns avaient des haches bien acérées, dont ils rompaient les bassinets et décervelaient les têtes ; d'autres des massues plombées dont ils donnaient de si grands coups qu'ils les abattaient tous à terre. Les Flamands étaient à peine tombés qu'arrivaient pillards et gros valets, qui se mettaient entre les gens d'armes ; ils portaient de grands coutelas, dont ils les achevaient, et ils n'en avaient pas plus de pitié que si c'eussent été des chiens. Le cliquetis des épées, des haches, des massues, des maillets de fer et des pieux sur ces bassinets était si grand qu'on n'entendait rien, à cause du bruit ; et j'ouïs dire que si tous les heaumiers de Paris et de Bruxelles eussent été ensemble, faisant leur métier, ils n'eussent point mené ni fait le bruit qu'on faisait en combattant et frappant sur ces bassinets... »

Le génie littéraire de notre chroniqueur a encore bien des faces. Nous n'en examinerons plus qu'une et en quelques mots, car nous devons nous borner. A côté des scènes tragiques et des tableaux de guerre, il y a place dans son œuvre pour des narrations familières et gracieuses, où le trouvère se retrouve tout entier, où il ne semble plus vouloir célébrer que la joie de vivre et d'aimer. Ce sont comme les intermèdes de théâtre qui reposent de la grande pièce. Et par là nous n'entendons pas seulement ces relations de fêtes et *carolles*, de banquets, de tournois et de noces où se complaît si souvent le bon chanoine, ces légendes merveilleuses qu'il a rapportées d'Orthez, ces allégories piquantes qui lui sont venues d'Orient ou qu'il a cueillies à la cour d'Avignon. Nous désignons aussi ces épisodes galants, ces mille petits hors-d'œuvre où sous le chroniqueur reparaît à chaque instant le poète. Il faut lire en entier, dans son premier livre, l'adorable récit où il nous représente Édouard III, qu'une *étincelle de fine amour* a touché au cœur, déclarant sa passion à la charmante et vertueuse comtesse de Salisbury. Ailleurs, il nous montre le même roi qui, tout joyeux, sur son navire, par un beau jour d'été, au moment de combattre, se fait jouer par ses ménestrels une danse d'Allemagne. S'il conte le départ de deux jeunes époux (le duc et la duchesse d'Anjou) qui s'embarquent à Barcelone, il semble à l'écouter que la nature veuille leur faire fête : *quand la douce saison de mars fut venue et que les vents se commencèrent à apaiser et les eaux de leur fureur à retraire et les bois à reverdir*... Il n'est pas enfin jusqu'à un jeune Sarrasin, Agadinquor d'Oliferne, dont il ne croie devoir célébrer l'héroïque amour pour la belle Alsala, fille du roi de Tunis.

Que dirons-nous, en terminant, de son style, de cette langue souvent incorrecte, mais si riche, si souple, si naturelle, si expressive dans sa simplicité et dans son abandon? « Errant de pays en pays, dit un de ses biographes (1), il n'avait pas le temps de se soumettre au joug des formes lentes et emphatiques d'un rhéteur ; mais il avait cet inappréciable avantage de conserver aux témoignages qu'il avait pu recueillir leur caractère naïf, franc... et je ne sais quelle chaleur naturelle sous laquelle on sent circuler la vie, comme si ceux qui les dictèrent étaient des hommes de notre temps... Près de cinq siècles se sont écoulés depuis que Froissart écrivait, et nous ne croyons pas que personne l'ait égalé dans certains récits où il a su, sans effort et sans travail, par le mouvement naturel de son esprit, nous présenter des tableaux aussi éclatants que fidèles. Si l'on sépare la narration de toute appréciation morale qui remonte à la source et à la cause des faits, on arrive à reconnaître que Froissart nous a laissé comme narrateur des modèles inimitables. »

Aussi ses chroniques n'ont-elles rien perdu pour nous de leur intérêt, bien au contraire. On le lit et on l'admire de plus en plus. On peut dire de lui, comme disait de Plutarque Henri IV, qu'il nous sourit toujours d'une fraîche nouveauté ; son légitime orgueil ne l'abusait donc pas, le jour où il écrivait *qu'encore au temps à venir et quand il serait mort, serait en grand cours sa haute et noble histoire.*

(1) M. Kervyn de Lettenhove, *Vie de Froissart*, p. 509-510.

CHAPITRE VII

CHRONIQUEURS INTERMÉDIAIRES ENTRE FROISSART ET COMMINES.

Le xve siècle a été chez nous beaucoup plus riche que le précédent en chroniques et en études historiques de toutes sortes. On ne doit pas en être surpris quand on songe à la gravité des événements qui ont rempli cette période. C'est le temps où la France, envahie, livrée, lutte contre l'Anglais — désespérément — pour l'indépendance et, on peut le dire, pour la vie. C'est aussi celui où la féodalité, redevenue puissante grâce aux malheurs publics, combat, sous le drapeau de Bourgogne, l'unité nationale reconstituée. Jamais, si ce n'est au moment de la Révolution, notre patrie n'a été plus troublée qu'à cette époque ; jamais ses destinées n'ont été plus incertaines. Tous ces drames retentissants et ces étranges coups de théâtre, la guerre des Armagnacs, le désastre d'Azincourt, le traité de Troyes, les victoires de Jeanne d'Arc, son martyre, les triomphes inespérés de Charles VII, le duel de Louis XI et de Charles le Téméraire, excitèrent chez nos ancêtres la curiosité la plus passionnée. Le nombre des écrivains fut en raison directe de l'intérêt que la nation prenait à ces grands faits, et les récits du genre de ceux qui nous occupent se multiplièrent d'autant plus que l'invention de l'imprimerie permit bientôt de leur donner une immense publicité.

Le vif succès de Froissart ne fut pas non plus sans contribuer au mouvement que nous signalons. Le chanoine de Chimay, qui avait tant charmé ses contemporains, fit école et, à son exemple, des annalistes moins brillants, mais épris, comme lui, de chevalerie, poursuivirent la gloire en continuant son œuvre. Aussi bien que dans sa chronique, la société féodale tient une grande place dans celles de ses successeurs. Seulement, il y a chez ces derniers autre chose que l'imitation d'un maître, et notre littérature historique du XVe siècle a ses caractères propres, que nous essaierons de déterminer en quelques lignes.

D'abord, les continuateurs de Froissart paraissent — non pas tous, mais en majorité, — plus soucieux que lui d'une exactitude vraiment scientifique. Le lecteur, de leur temps, est déjà devenu exigeant; il ne se contente plus d'à peu près, d'allégations sans preuve. Leur chronologie est généralement plus précise, moins fautive que celle de leurs devanciers. Quelques-uns suivent les faits pas à pas, les saisissent au moment même où ils se produisent et tiennent de véritables journaux historiques. La plupart font un usage incessant des documents officiels, les citent à l'appui de leurs récits, les y insèrent même en entier.

Le XVe siècle a donc plus de science que le XIVe. Mais qu'il a moins de naïveté, de fraîcheur et de charme! Pour être plus savants que leurs prédécesseurs, les contemporains de Charles VII et de Louis XI se croient tenus de philosopher, ou tout au moins de moraliser sans trêve ni relâche, et quelques-uns le font avec si peu de mesure, que l'histoire sous leur plume semble n'être qu'une série de textes à sermons ou à démonstrations académiques. Beaucoup écrivent bien plus pour *prouver* que pour *raconter*. Au lieu de laisser parler les événements, il faut qu'ils les expliquent et qu'ils nous fassent la leçon, ce qui ne serait pas un mal, à tout prendre, s'ils y mettaient toujours de la discrétion. Malheureusement leurs dissertations, trop souvent déclamatoires ou banales, ont le tort de tenir trop de place et de ne pas nous instruire beaucoup. Ajoutons que le soin qu'ils ont pris d'y étaler leur érudition classique nous les rend parfois tout à fait insupportables. Ils ont déjà tout le pédantisme de la Renaissance, mais ils n'en ont pas l'élégance. Ils suent, on peut le dire, l'antiquité par tous les pores. Les plus honorés à cette époque sont ceux qui savent le mieux leurs auteurs latins et qui en font l'usage le plus immodéré. Leur mémoire est un arsenal inépuisable, d'où ils lancent à tout propos les citations les plus inopportunes. Certains d'entre eux ne peuvent mettre en scène un homme de leur temps sans le rapprocher d'un héros grec ou romain. Quant à ceux qui se bornent à être de leur temps et dont le talent n'a pas de prétentions, ils deviennent de plus en plus rares, et on les apprécie de moins en moins à mesure qu'on approche du XVIe siècle.

Le cadre de cet ouvrage ne nous permet, on le comprend, ni de juger en détail, ni même d'énumérer tous les auteurs dont il est ici question. Nous nous bornerons donc à mentionner les plus célèbres et à indiquer sommairement, avec leurs principaux ouvrages, leurs mérites ou leurs défauts.

Nous n'avons rien à dire des chroniques en langue latine. Ces études n'ont pas pour objet de les faire connaître. Remarquons que si l'idiome vulgaire, surtout après Froissart, tenait décidément la première place dans notre littérature historique, la langue savante de l'Église et de l'Université n'était pas entièrement abandonnée par nos annalistes. C'est d'elle que se servit, par exemple, le moine anonyme de Saint-Denis, dont le judicieux récit (1) a été copié ou paraphrasé par les principaux historiens de Charles VI. Elle fut encore employée plus tard, non sans succès, par le haineux Basin (2), dans son ouvrage sur Charles VII et Louis XI, aussi bien que par le disert Gaguin (3), dont les

(1) *Chronica Caroli sexti*, ouvrage publié par Bellaguet dans la *Collection des documents inédits sur l'histoire de France* (Paris, 1839-1852, 6 vol. in-4°).

(2) Thomas Basin, évêque de Lisieux, né en 1412, mort en 1491, fut, par suite de ses intrigues, qui lui attirèrent l'inimitié de Louis XI, obligé de s'expatrier en 1469. Entre autres livres importants, il a laissé sous ce titre : *de Rebus gestis Karoli VII, Ludovici XI*, une chronique très passionnée, mais pleine d'intérêt, qu'on a longtemps attribuée par erreur à un certain Amelgard, prêtre de Liège, et que M. Jules Quicherat a publiée de nos jours pour la Société de l'histoire de France (Paris, 1855-1859, 4 vol. in-8°).

(3) Robert Gaguin (1425-1502), humaniste célèbre, chargé à diverses reprises de missions diplomatiques par Louis XI et

volumineuses *Annales* firent les délices du monde érudit au temps de la Renaissance.

Nous ne nous arrêterons pas non plus aux poèmes historiques en français qu'a produits le xve siècle. L'habitude de *dictier et rimer* le récit des grands faits contemporains n'était pas encore perdue à cette époque ; de nombreux exemples le prouvent. Mais les chroniques métriques de la période que nous étudions sont presque toutes consacrées à retracer de très courts épisodes (comme la *Déposition de Richard II*, la *Bataille de Liège*, etc.) (1), ou à célébrer, à grand renfort d'allégories et d'hyperboles, quelque haut personnage du temps, comme Charles le Téméraire, dont Olivier de la Marche (2) chante la gloire dans son *Chevalier délibéré*. La plupart de ces prétendus poèmes sont d'un pédantisme rebutant ou d'une désespérante platitude. Il faut ajouter qu'ils sont rarement originaux, qu'ils ne nous apprennent presque jamais rien et qu'en général ils résument ou paraphrasent simplement les chroniques en prose que nous allons indiquer un peu plus bas. Le *Mystère du siège d'Orléans*, qu'on a cru devoir publier à grands frais de nos jours (3), n'est qu'une insipide rhapsodie en vingt-cinq mille vers, où se trouve délayé, sous forme de dialogues,

Charles VIII, fit imprimer en 1497 son *Compendium supra Francorum gestis a Pharamundo usque ad annum 1491*. Cet ouvrage, qui eut un très grand succès, a été plusieurs fois réédité depuis.

(1) On trouve ces pièces dans la *Collection des anciennes Chroniques nationales françaises* de Buchon, t. XXIV et XLIII.

(2) Sur Olivier de la Marche, *V.* plus loin, p. 151.

(3) Dans la *Collection des documents inédits sur l'histoire de France* (Paris, 1862, in-4°).

l'ouvrage connu sous le titre de *Chronique de la Pucelle*. Quant aux récits rimés embrassant toute une guerre ou un règne, outre qu'ils sont rares, ce ne sont également, et à plus forte raison, que des travaux de seconde main, souvent de simples transpositions de textes. C'est ainsi que les *Vigiles du roi Charles VII* (1), longue narration versifiée de Martial d'Auvergne, qui eut une certaine vogue sous Charles VIII, ne font guère que reproduire — servilement — l'ouvrage de Jean Chartier, que nous aurons à signaler tout à l'heure. On n'apprend plus, en somme, au xve siècle, l'histoire chez les poètes. Quelques-uns, il est vrai, et des plus remarquables, comme Alain Chartier, Charles d'Orléans, Olivier Basselin, François Villon, nous retracent parfois dans leurs *lais* ou dans leurs *ballades* les douleurs et les joies patriotiques de leurs contemporains. Mais, en général, ils ne racontent pas et ne peuvent, à aucun égard, être considérés comme des chroniqueurs.

Les récits en prose que nous a laissés le xve siècle peuvent être rangés en deux classes : les uns sont de simples biographies consacrées à la gloire de quelques individualités isolées ; les autres sont des chroniques proprement dites qui exposent l'histoire générale de la France pendant des périodes d'une certaine étendue.

Dans la première catégorie, nous remarquons tout d'abord les panégyriques outrés qui, sans doute,

(1) L'ensemble de cette chronique n'a pas été imprimé. M. Jules Quicherat en a donné d'assez longs fragments dans le tome V du *Procès de Jeanne d'Arc* (p. 51-78).

ne manquent pas d'intérêt, mais qui en auraient bien davantage, si leurs auteurs montraient moins de partialité et songeaient moins à soutenir des thèses ou à étaler leur érudition. L'on s'obstine encore, plus par habitude peut-être que par conviction, à citer comme le plus remarquable de ces éloges le *Livre des faits et bonnes mœurs du sage roi Charles V*, écrit par Christine de Pisan de 1404 à 1405. Cette femme célèbre (1) paya par un ouvrage évidemment consciencieux, mais un peu indigeste et qu'on loue plus qu'on ne le lit, les bienfaits que la famille royale de France avait prodigués à son père et à elle-même après lui. Ce travail lui avait été commandé par le duc de Bourgogne. Elle l'exécuta de son mieux, sans dissimuler au lecteur son parti pris de ne jamais blâmer le souverain et les princes dont elle avait à rappeler les actions.

« A ce que on pourroit dire, déclare-t-elle, que n'ay

(1) Née en 1363, fille de Thomas de Pisan, célèbre astrologue et médecin italien que Charles V appela près de lui et combla de bienfaits, elle vint en France dès l'âge de cinq ans et n'en sortit plus. Elle y mourut en 1431. Après le décès de son père et de son mari, Etienne du Castel, elle acquit, par son savoir vraiment encyclopédique et par ses nombreux ouvrages, une réputation européenne. Des poésies élégiaques, de grands poèmes, comme le *Chemin de longue estude* et la *Mutacion de fortune*, où la science, la morale et l'histoire se mêlent étrangement ; de grands traités politiques, comme le *Livre des faits d'armes et de chevalerie*, — *le Corps de policie*, — le *Livre de la Paix*, et de gros livres consacrés à l'honneur des femmes ou à leur éducation (*la Cité des dames*, le *Livre des trois vertus*), tels sont, avec le *Livre des faits et bonnes mœurs*, ses principaux ouvrages. La plupart sont encore inédits. Christine de Pisan, très attachée à la France et à ses rois, vécut assez pour assister aux triomphes de Jeanne d'Arc et pour les célébrer (1429) dans un petit poème qui a été imprimé. Le *Livre des faits et bonnes mœurs* se trouve dans toutes nos grandes collections de mémoires sur l'histoire de France.

parlé, fors de leur bienfaiz et teu les vices, je respons : que le texte de mon livre n'est que en louant les vertus, et parler des vices seroit hors de mon propoz né, mais en tant comme doit estre présupposé le blasme des vices en loant les vertus. Et se vices en eulx a, de ce ne sçay-je riens, n'enqueste n'en ay faicte, et de parler en reprenant les princes en publique..., selon mon petit entendement, n'est mie à tous licite, vouloir, en la face du peuple, corrigier leur faiz : posons que on les veyst defaillans, pour pluseurs raisons ; car, comme nature humaine soit incline à plus noter le vice d'autruy que le sien propre, seroit cause de exaulcement de leur blasme, laquel chose plus pourroit tourner à péril que à utilité... S'en rapporter à ceuls à qui en appertient la correction à part, et à leur secrez amis... est, selon mon avis, le plus seur... » (1).

TRADUCTION. — « Quant à ce que l'on pourrait dire, que j'ai parlé seulement de leurs vertus et tu les vices, je réponds que le but de mon livre n'est que de louer les vertus, et parler des vices serait hors de mon sujet ; mais qu'enfin l'éloge des vertus implique le blâme des vices. S'il y a vices en eux, je n'en sais rien et n'en ai pas fait enquête, et vouloir réprimander les princes en public et corriger leur vie à la face du peuple, selon mon petit entendement, n'est pas licite à tous. Supposons qu'on les ait vus faillir en plusieurs occasions ; l'homme étant par nature plus disposé à remarquer les vices d'autrui que les siens propres, on accroîtrait par là le blâme qu'ils méritent, ce qui pourrait tourner plus à péril qu'à utilité... S'en rapporter à ceux à qui le redressement spécial en appartient et à leurs amis privés... est, selon mon avis, le plus sûr... »

Christine de Pisan n'est donc pas impartiale. Mais elle mérite un autre reproche, c'est de n'avoir pas profité des documents officiels qu'on avait mis à sa

(1) *Livre des faits et bonnes mœurs*, 2e partie, ch. 18.

disposition pour écrire une histoire régulière et complète de Charles V ; c'est de s'être plutôt attachée à composer une sorte d'oraison funèbre en trois points où, sans souci de l'ordre chronologique et de l'enchaînement des faits, elle met en lumière successivement la *noblesse de courage, la noblesse de chevalerie et la noblesse de sagesse* (1) qui distinguent son héros. Les faits qu'elle rapporte, assez brièvement, ne sont, du reste, pour elle, que prétextes à d'incessantes digressions ; elle peut ainsi à son aise citer ses auteurs latins, exposer ses principes de morale et parler de tout, voire même de stratégie et de poliorcétique, d'après Végèce qu'elle sait à peu près par cœur.

Le *Livre des faits du maréchal Boucicaut* (2), composé vers 1408, et qu'on attribue, non sans quelque raison, au même auteur, est, comme l'ouvrage ci-dessus indiqué, rempli de souvenirs classiques et de dissertations. Mais il a sur lui cette supériorité de présenter, au moins dans ses trois premières parties (il en comprend quatre), une narration continue, où l'ordre historique des faits est généralement bien observé. Boucicaut est représenté comme le type du parfait chevalier. C'est à ce titre également qu'a été célébré, au temps de Louis XI, *messire Jacques de Lalain* (3), ce héros de tant de joutes et

(1) Ces expressions signifient qu'elle traite d'abord des vertus privées du roi, puis de ses guerres et de ses succès sur les Anglais, et enfin de son administration.

(2) Collection Michaud et Poujoulat, t. II.

(3) *La Chronique du bon chevalier messire Jacques de Lalain* a été publiée par Buchon, dans sa *Collection des Chroniques nationales françaises*, t. XLI.

de *pas d'armes* que nous décrit si religieusement son panégyriste. Comment s'appelait ce dernier? est-ce Georges Chastelain, comme on l'a dit longtemps? est-ce Olivier de la Marche, comme on commence à le croire? C'était en tout cas un apologiste enthousiaste de la *haute vie* féodale, ne cherchant qu'en elle son idéal de l'honneur et de la gloire, et mettant en jeu toute sa rhétorique pour nous faire partager son opinion.

Il y a bien aussi au xve siècle quelques biographes sans prétentions, qui, tout en mentionnant plus que de raison les Grecs et les Romains, racontent assez simplement les faits et nous laissent presque toujours le soin d'un tirer la morale. De ce nombre est l'honnête Jean Cabaret d'Orville qui, en composant la *Chronique du bon duc Loys de Bourbon*, n'a eu d'autre pensée que de rapporter fidèlement ce qui lui avait été narré de cet excellent prince (1). Le *Pauvre pélerin* (comme il s'intitule modestement) reproduit tout, pêle-mêle, sans se douter des confusions, des erreurs, des anachronismes qu'on lui fait commettre. Tel quel, son livre ne manque ni de vivacité, ni d'intérêt, ni d'utilité. Plus froid, mais plus exact et plus correct est celui de Guillaume Gruel sur la *Vie d'Artus III, comte de Richemont, duc de Bretagne* (2) et connétable de France (au

(1) Il écrivait en 1429, d'après les récits assez confus de Jean de Châteaumorand, gentilhomme fort vieux, qui avait jadis servi le duc. Ce dernier était mort depuis 1410. La chronique en question, publiée dès 1612, a été plusieurs fois rééditée (notamment en 1876, par M. Chazaud, pour la Société de l'histoire de France; Paris, 1 vol. in-8°).

(2) Collection Michaud et Poujoulat, t. III.

temps de Charles VII). Quant au récit bien ordonné, plein de faits et depuis longtemps populaire qu'on a publié sans ce titre : *Chronique de la Pucelle d'Orléans* (1), ce n'est pas, comme on pourrait le croire, une *Vie* de Jeanne d'Arc. C'est un fragment extrait de la chronique inédite de Guillaume Cousinot (*la Geste des nobles Francoys*) et qui renferme le récit détaillé des premières années du règne de Charles VII. Il ne retrace ni la captivité de l'héroïne, ni sa mort. Il faut, pour compléter le drame de la *bonne Lorraine*, y joindre le *Journal du siège d'Orléans*, déjà plusieurs fois imprimé depuis le XVIe siècle, et surtout l'importante recueil de pièces originales par lequel M. Jules Quicherata, de nos jours, mis en pleine lumière le double procès de Jeanne d'Arc (2). Avec de pareils livres nous sortons tout à fait du genre académique pour entrer dans le domaine de l'histoire pure et simple.

C'est de l'histoire large, impartiale et grave, qu'ont voulu faire les auteurs de chroniques générales dont il nous reste à parler. Y ont-ils réussi ? Pour la plupart d'entre eux, on peut répondre non. Ce n'est pas qu'on soit fondé à suspecter, en général, leur sincérité, ni que leurs récits ne dénotent une recherche consciencieuse de la vérité. Mais il faut se rappeler qu'ils vivaient dans un temps où nul Français ne

(1) Michaud et Poujoulat (t. III) l'intitulent : *Mémoires concernant la Pucelle d'Orléans*. Cet ouvrage a été publié de nouveau en 1859 par M. Vallet de Viriville, avec d'importants appendices.

(2) *Procès de condamnation et de réhabilitation de Jeanne d'Arc, dite la Pucelle* (publication de la Société de l'histoire de France; Paris, 1841-1849, 5 vol. in-8°).

pouvait rester de sang-froid, dans un pays profondément troublé par la guerre civile et où chacun, même à son insu, servait une faction. Chez nous, au xve siècle, il fallait prendre parti : on était *Armagnac* ou *Bourguignon* ; l'on tenait pour la cause nationale ou pour la domination anglaise, pour l'autorité monarchique ou pour la féodalité, pour Louis XI ou pour la *Ligue du Bien public*. Il y a donc à cette époque deux écoles de chroniqueurs : les uns sont *français*, défendent le roi, combattent l'étranger ; les autres sont *bourguignons* et soutiennent avant tout le *grand-duc d'Occident* (1), même lorsqu'il attaque son suzerain, même lorsqu'il s'allie avec l'ennemi.

Les premiers, nous devons le reconnaître, ne sont ni les plus nombreux ni les plus illustres. Leur originalité est souvent contestable ; leur talent littéraire est, en général, médiocre. Ainsi l'on a fait honneur, jusqu'à nos jours, à Juvénal des Ursins, archevêque de Reims sous Charles VII et Louis XI, d'une grande et intéressante histoire de Charles VI (2) ; or, ce livre n'est guère que la traduction libre de la chronique latine composée par le moine anonyme de Saint-Denis et que nous avons mentionnée plus haut. Il y a seulement ajouté quelques détails sur son père, quelques pièces officielles et un récit complémentaire des événements accomplis de 1416 à 1422. — Jacques Bonnier ou Le Bouvier, dit Berry, premier héraut

(1) On appelait ainsi quelquefois le duc de Bourgogne, Philippe le Bon, dont la puissance égalait, si elle ne la surpassait pas, celle du roi de France.

(2) On la trouve dans nos principales collections de mémoires, et notamment dans celle de Michaud et Poujoulat (t. III).

d'armes de Charles VII, a retracé avec exactitude et loyauté les grands faits dont il a été témoin, dans une sorte de journal qui s'étend de 1402 à 1455, ouvrage excellent à consulter, mais fort sec, et où l'art de la composition ne brille que par son absence (1). — Quant à Jean Chartier, historiographe officiel du roi de 1437 à 1470, il a fait son métier de son mieux, compilé les récits de Berry, de Cousinot et de quelques autres, résumé ou copié des documents importants, que nous ne connaîtrions pas sans lui, bref, écrit une histoire de Charles VII qui, bien des fois réimprimée, jouit encore aujourd'hui d'un certain crédit (2). Mais il faut voir en lui un manœuvre, plutôt qu'un historien. Il juxtapose les faits sans en comprendre toujours la corrélation et tombe assez souvent dans l'erreur. Ajoutons que chez lui la forme ne rachète pas les imperfections du fond et qu'un style traînant, sans relief, rend la lecture de son livre assez fatigante. — Le meilleur peut-être et, à coup sûr, le plus attrayant chroniqueur du parti *français* au xve siècle, est l'auteur du journal si varié, si piquant, intitulé : *Chroniques du très chrestien et victorieux Louys de Valois, unziesme de ce nom* (3), qui fut publié dès le temps de Charles VIII et qui a été souvent réimprimé depuis.

(1) La chronique de Berry, publiée par Théodore Godefroy, puis par son fils Denis, au XVIIe siècle, n'a pas été rééditée depuis.

(2) La première édition des *Grandes Chroniques de France*, qui parut à Paris en 1477, fut sans doute préparée principalement par lui. La partie de ce recueil postérieure au règne de Charles V n'est guère que la reproduction des chroniques de Juvénal des Ursins et de Jean Chartier lui-même.

(3) Collection Michaud et Poujoulat, t. IV

Un éditeur du XVIIe siècle lui a donné le titre de *Chronique scandaleuse*, qu'il ne justifie pas. C'est un récit au jour le jour, où les actes de Louis XI sont rapportés à leur place, appréciés avec équité, non sans finesse, et où sont retracés fidèlement, sous des couleurs parfois brillantes, les plus curieux incidents de la vie parisienne à la fin du moyen âge. Le rédacteur de l'ouvrage paraît être un certain Jean de Troyes, personnage fort obscur ; mais on peut supposer que ses récits lui ont été inspirés par un homme qui avait pris une certaine part aux affaires publiques, sans doute par ce Denis Hesselin, qui fut maître d'hôtel du roi, prévôt des marchands de 1470 à 1474, puis greffier-receveur de la ville de Paris jusqu'à sa mort, arrivée en l'an 1500 (1).

Les écrivains *bourguignons* furent plus célèbres au XVe siècle que leurs émules *français*. La cour brillante qui les inspirait et les lisait répandit leur gloire dans toute l'Europe. Mais s'ils éclipsèrent les chroniqueurs du parti royal, ce n'est pas qu'ils leur fussent en tout supérieurs. Ils eurent plus de qualités, mais aussi plus de défauts. Plus passionnés et plus prétentieux, ils charmèrent leur faction et furent admirés à une époque où le pédantisme et la déclamation étaient fort loin de déplaire. Nous

(1) Nous ne mentionnons pas ici les chroniques françaises relatives au règne de Charles VIII. Les principales, si l'on en excepte l'intéressant mais assez court récit de la guerre d'Italie par Guillaume de Villeneuve, n'ont été composées qu'au XVIe siècle, plusieurs années après la mort de Commines.

les jugeons aujourd'hui avec moins de complaisance que ne faisaient leurs contemporains.

Nous ne signalerons qu'en passant et pour mémoire l'intrigant Pierre Salmon, qui fut un des agents les moins scrupuleux de Jean-sans-Peur et dont le récit n'est, en beaucoup d'endroits, qu'un réquisitoire violent et perfide contre la maison d'Orléans (1). Il n'y a pas lieu non plus d'accorder beaucoup d'attention au froid Pierre de Fénin, qui retrace avec si peu d'émotion les malheurs causés en notre pays par la guerre étrangère et par la guerre civile de 1407 à 1427 (2). Les noms de Pierre Cochon et de Jean de Wavrin ne doivent pas nous arrêter davantage. Ce sont deux compilateurs qui ont résumé, l'un l'histoire de la France de 1181 à 1400, l'autre celle de l'Angleterre, depuis les temps les plus fabuleux jusqu'en 1471 (3). Leurs narrations, écrites d'un style pénible, embarrassé, n'ont d'originalité, partant d'intérêt, que dans les derniers chapitres. Elles se font, du reste, remarquer par une extrême animosité contre la cause de Charles VII ; ce sont peut-être les chroniques où l'héroïne d'Orléans est jugée avec le moins de justice et le plus de dureté.

(1) Les *Mémoires* de Pierre Le Fruictier, dit Salmon, se trouvent au t. XXV de la collection Buchon.

(2) La meilleure édition de ses *Mémoires* est celle qu'a donnée Mlle Dupont pour la Société de l'histoire de France (Paris, 1837, in-8°).

(3) L'ouvrage de P. Cochon est encore inédit. Mais M. Vallet de Viriville en a donné un assez long fragment à la suite de son édition de la *Chronique de la Pucelle*. — Quant aux *Anchiennes Cronicques d'Engleterre*, par Jean de Wavrin, elles ont été publiées de nos jours, au nom de la Société de l'histoire de France, par Mlle Dupont (Paris, 1858, 3 vol. in-8°).

Une œuvre à lire d'un bout à l'autre et singulièrement instructive, c'est ce *Journal d'un bourgeois* (1) qui fait revivre devant nous le Paris tumultueux et révolutionnaire du XVe siècle. D'un bout à l'autre, on y sent comme un souffle d'émeute et de guerre civile. L'auteur, dont le nom ne nous est pas connu, était un de ces *Cabochiens* incorrigibles qui, en haine des Armagnacs, se jetèrent dans les bras du duc de Bourgogne, puis se déclarèrent pour les Anglais et tinrent vingt ans fermées au roi national les portes de sa capitale. Il ne faut pas, bien entendu, lui demander d'être juste pour ses adversaires. Mais ses fureurs, ses déclamations mêmes nous plaisent, tant elles dépeignent au naturel l'état d'esprit de la population dévoyée dont il partageait les passions. Nul, d'autre part, n'a dépeint avec une éloquence plus expressive les souffrances et les désespoirs populaires engendrés à cette époque par l'invasion et par l'anarchie.

« Après cette heure, dit-il quelque part, ouyssez parmy Paris piteux plains, piteux crys, piteuses lamentations, et petiz enffens crier : *Je meurs de faim*, et sur les fumiers parmy Paris, 1420, pussiez trouver cy dix, cy vingt ou trente enffens, fils et filles, qui là mouroient de faim et de froit, et n'estoit si dur cuer qui par la nuyt les ouist crier : *Hélas! je meurs de faim*, qui grant pitié n'en eust !... Le plus des laboureurs cesserent de labourer et furent

(1) Collection Michaud et Poujoulat, t. III. Le *Journal d'un bourgeois de Paris* s'étend de 1409 à 1449. On lui a quelquefois attribué deux auteurs, dont le premier se serait arrêté à l'année 1432. Mais il paraît établi qu'il n'en a eu qu'un, qui était sans doute un prêtre et un membre influent de l'Université (peut-être Jean Beaurigout, curé de Saint-Nicolas-des-Champs).

comme desesperez, et laisserent femmes et enffens, en disant l'ung à l'autre : «... Mettons tout en la main du deable, ne nous chault que nous devenions, autant vault faire du pis qu'on peut comme du mieulx, mieulx nous vaulsist servir les Sarrazins que les chrestiens, et pour ce faisons du pis que nous pourrons ; aussi bien ne nous peust on que tuer ou prendre ; car, par le faulx gouvernement des traistres gouverneurs, il nous faut renyer femmes et enffans, et fouir aux bois comme bestes esgarées, non pas ung an ne deux ; mais il y a jà quatorze ou quinze ans que ceste danse douloureuse commença... (1). »

TRADUCTION. — « Après cette heure vous eussiez ouï à travers Paris piteuses plaintes, piteux cris, piteuses lamentations, et petits enfants crier : *Je meurs de faim*, et sur les fumiers, dans Paris (en 1420), vous eussiez pu trouver ici dix, là vingt ou trente enfants, garçons et filles, qui là mouraient de faim et de froid, et il n'était si dur cœur qui, la nuit, les ouït crier : *Hélas ! je meurs de faim*, qui n'en eût grand'pitié !... La plupart des laboureurs cessèrent de labourer et furent comme désespérés et laissèrent femmes et enfants, en disant l'un à l'autre : « Mettons tout en la main du diable, peu nous importe ce que nous deviendrons, autant vaut faire du pis qu'on peut que du mieux, mieux nous vaudrait servir les Sarrasins que les chrétiens, et, pour cela, faisons du pis que nous pourrons, aussi bien ne nous peut-on que tuer ou prendre ; car, par le faux gouvernement des traîtres gouverneurs, il nous faut renier femmes et enfants, et fuir aux bois comme bêtes égarées, non pas un an ou deux ; mais il y a déjà quatorze ou quinze ans que cette danse douloureuse commença... »

Le *Bourgeois de Paris* a l'âme et la tournure d'esprit d'un pamphlétaire. Si l'on cherche la gravité de l'historien, il faut lire Enguerrand de Monstrelet (2),

(1) Collection Michaud et Poujoulat, t. II, p. 666, 670.

(2) C'était un gentilhomme du Ponthieu, qui naquit vers 1390

qui mérite et qui tient le premier rang parmi les chroniqueurs bourguignons. Cet écrivain laborieux et sage se proposa d'écrire, à l'exemple de Froissart dont il s'offrit comme le continuateur, une sorte d'histoire universelle. Son récit, assez bien ordonné, plein de pièces justificatives (1), comprend une période de près d'un demi-siècle (1400-1444). C'est sans contredit l'ouvrage le plus utile à consulter sur l'histoire des maisons de Bourgogne, de France et d'Angleterre pendant cette époque troublée. Ce n'est peut-être pas le plus agréable. Il n'a ni l'humeur, ni la vivacité, ni le coloris de son devancier. Il est lourd, diffus, *baveux* même, pour parler comme Rabelais. Il faut ajouter que, malgré ses louables efforts pour rester impartial, il ne sait pas toujours être juste pour les Armagnacs et pour Charles VII.

Monstrelet a été lui-même continué par Mathieu d'Escouchy, narrateur plus vif, plus nerveux, dont quelques pages rappellent les meilleurs morceaux de Froissart. Cet écrivain (2), dont le récit s'étend de 1444 à 1461, a su tenir la balance à peu près égale entre la cour de France et celle de Bourgogne, qu'il

servit dès sa jeunesse le parti de Bourgogne et mourut prévôt de Cambrai, en 1453.

(1) Il fut imprimé dès la fin du quinzième siècle et souvent réimprimé depuis. La meilleure édition que nous en ayons est celle qu'en a donnée M. Douët d'Arcq pour la Société de l'histoire de France (Paris, 1857-1862, 6 vol. in-8°).

(2) Né vers 1420, mort vers 1482. Ses premiers éditeurs l'appellent Mathieu de Coucy. Sa chronique a été publiée en dernier lieu par M. du Fresne de Beaucourt, pour la Société de l'histoire de France (Paris, 1863, vol. in-8°).

servit tour à tour. — Jacques du Clerq (1), officier du duc Philippe le Bon, tout en montrant sa prédilection pour la cause de son maître, a, lui aussi, fait preuve d'une certaine indépendance dans ses précieux, mais trop courts *Mémoires*. Son livre est un recueil d'épisodes historiques, échelonnés de 1448 à 1467, assez mal cousus ensemble, mais retracés avec une fermeté et une franchise qui lui font le plus grand honneur. (Voir, par exemple, le tableau de la persécution exercée en 1459, avec l'assentiment du duc, contre les Vaudois d'Arras.)

A côté des chroniqueurs que nous venons de nommer et qui ne relevaient, en somme, que d'eux-mêmes, la cour de Bourgogne avait, comme celle de France, ses historiographes attitrés, dont quelques-uns jouirent au XVe siècle d'une étonnante réputation. Parmi eux nous ne citerons que par acquit de conscience Lefèvre de Saint-Remy, premier *roi d'armes* de la Toison d'Or (2). Ce personnage, qui avait vu de fort grands événements et rempli d'importantes missions diplomatiques, aurait pu, rien qu'avec ses souvenirs, faire un livre du plus haut intérêt. Il ne nous reste de lui qu'un fragment comprenant la période comprise entre 1407 et 1436. On l'a souvent cité comme un ouvrage ori-

(1) Né en 1424. Nous ne possédons qu'une partie de ses *Mémoires* (Collect. Michaud, t. III). On n'en connaissait qu'un manuscrit, qui a été perdu pendant la Révolution.

(2) Il portait à ce titre le nom héraldique de *Toison d'or*. Il était né vers la fin du XIVe siècle et mourut en 1468. La dernière édition de sa chronique est celle de F. Marchand, donnée pour la Société de l'histoire de France (Paris, 1876 ;2 vol. in-8°).

ginal ; ce n'est pas autre chose qu'une servile abréviation de Monstrelet. — Georges Chastelain (1), qui succéda comme roi d'armes à Lefèvre, lui était bien supérieur par l'instruction, l'intelligence historique et le génie littéraire. C'était le plus bel esprit de son temps — et le plus fécond. Ses poésies, ses *Mystères*, tout pleins d'allégories savantes et de réminiscences mythologiques, étaient si fort admirés que ses contemporains le comparaient sérieusement à Térence, à Homère. Son talent de polémiste et sa rhétorique pompeuse lui valurent la plus haute faveur auprès de Philippe le Bon et de Charles le Téméraire, qui l'employèrent avec succès comme publiciste officieux. A la demande du premier de ces princes, il entreprit en 1455 une grande histoire de son temps, qui, partant de l'année 1419, fut conduite par lui jusqu'en 1474. Cet ouvrage doit à l'importance des matériaux utilisés et à l'habile disposition du récit le crédit qu'il a eu longtemps, surtout hors de France. Malheureusement, il ne

(1) Georges Chastelain, né en 1403 ou 1405, mort en 1475, était un gentilhomme du comté d'Alost, qui, après de bons services militaires, devint à la cour de Bourgogne panetier, puis *orateur* officiel. En 1473, Charles le Téméraire le nomma *indiciaire*, c'est-à-dire historiographe en titre, de l'ordre de la Toison d'Or. On a de lui de nombreux poèmes, dont quelques-uns touchant à l'histoire ou à la politique de son temps, des apologies de Philippe le Bon et de son successeur, etc. Sa *Grande Chronique, ou Livre de tous les haulz et grans faits de la chrestienté, souverainement de ce noble royaulme de France et de ses dépendances depuis l'an vingt* (1420) *jusqu'à maintenant* (1474), formait six volumes, dont on n'a jusqu'à présent retrouvé qu'une faible partie. Le principal fragment connu a été publié par Buchon (*Collection des Chroniques nationales françaises*, t. XLII et XLIII). M. Kervyn de Lettenhove, plus récemment, a édité tout ce qui nous reste de l'ouvrage en question (Bruxelles, 1863, 6 vol. in-8°).

nous est pas parvenu en entier, tant s'en faut. Nous n'en possédons que quelques débris, dont le plus considérable est le récit des événements compris entre 1464 et 1470. Ce qui nous en reste nous permet d'apprécier ses principaux défauts: pour le fond, une partialité dont il n'a pas conscience; pour la forme, un pédantisme, une emphase, une boursouflure, un mauvais goût qui paraissent extrêmes, et qui pourtant ont été surpassés par certains de ses disciples.

Olivier de la Marche (1), serviteur fidèle de Charles le Téméraire, dont le petit-fils était son élève en 1488, compléta vers cette époque, pour l'instruction de ce jeune prince, des mémoires commencés vingt ans plus tôt et où il retrace avec un enthousiasme souvent lyrique l'histoire de la maison de Bourgogne depuis 1435. Homme d'armes, poète, moraliste et chroniqueur, il est bien de son temps; il en a toutes les admirations, tous les engouements. Ce qu'il aime surtout à célébrer, ce sont les fêtes chevaleresques; il ne peut se lasser de les décrire et de les raconter. Épris de l'antiquité, s'il ne la comprend pas très bien, il la cite du moins à

(1) Né en 1422, mort en 1502. Il fut maître d'hôtel et capitaine des gardes de Charles le Téméraire. Maximilien d'Autriche, qui avait épousé la fille de ce dernier, le chargea de l'éducation de l'archiduc Philippe, son fils. Il reste de lui des poèmes assez étendus, un traité des *duels et gages de bataille*, et ses *Mémoires*, qui s'étendent de 1435 à 1489. Ils sont précédés d'une introduction relative aux origines des maisons d'Autriche et de Bourgogne, et accompagnés d'un *Estat de la maison du duc Charles de Bourgogne, dit le Hardy, composé en l'an 1475*; ils ont été publiés plusieurs fois depuis 1562. Une excellente édition en a été donnée par MM. H. Beaune et J. d'Arbeaumont, pour la Société de l'histoire de France (Paris, 1883, 2 vol. in-8°).

tout propos et même hors de propos. Respectueux admirateur de Chastelain, dont il désespère d'égaler *le stile et subtil parler,* il prodigue comme lui la métaphore, l'allégorie, la prosopopée, et ne sait pas toujours s'abstenir de jeux d'esprit qui ne sont que des jeux de mots.

Mais le plus célèbre imitateur du maître fut Jean Molinet (1), qui lui succéda comme historiographe à la cour de Bourgogne et continua sa chronique de 1476 à 1506. Son livre, consacré presque entièrement à la glorification de Charles le Téméraire et de Maximilien d'Autriche, est le triomphe de cette langue néo-latine, de cette rhétorique prétentieuse que Chastelain avait mises en honneur et que Rabelais, qui pensait à lui, bafoue avec tant d'esprit quand il nous représente son écolier limousin *déambulant par l'inclyte urbe qu'on vocite Lutèce.* Il semble que Molinet ait voulu refaire le français et le rendre inintelligible au vulgaire, tant il le surcharge de mots empruntés à l'antiquité. S'il veut peindre l'éclat de la maison de Bourgogne, il dira qu'elle est *réfulgente;* les montagnes chez lui ne sont plus *hautes* , elles sont *excelses;* la bravoure devient de la *strénuité;* s'il écrit le mot *consuls*, il y accole l'épithète *armigères*, et il ne dira pas *verger* tout court, mais verger *liligère.* Il est poète avant tout; il l'est toujours et sans mesure. Il fait intervenir

(1) Né vers le milieu du XVe siècle, mort en 1507. Il a laissé de nombreux poèmes et un traité de rhétorique qui eut de son temps une certaine vogue. Sa chronique a été publiée en 1827-1828 dans la collection Buchon (t. XLIII-XLVII).

dans son histoire des dieux, des saints, des abstractions personnifiées. Il l'interrompt pour nous décrire longuement et à sa façon, qui n'est pas la bonne, le paradis terrestre. Il se complaît surtout dans la prosopopée. C'est là qu'il brille, qu'il donne toute sa mesure. Le calembour ne lui paraît point indigne de l'histoire. Il le recherche même et le lime avec soin ; si bien qu'à propos du siège de Nuyss, il semble fier de terminer par cette phrase la copieuse apostrophe qu'il a cru devoir adresser à la Germanie : « Tu as converti maintenant ta puissante prouesse en pesante paresse, ten valoir et gloire en vouloir de boire, ton hault los divin en grant los de vin, et ton glorieux empire se décline de mal en pire » (1).

Cette pitoyable façon d'écrire l'histoire contraste étrangement, on va le voir, avec le genre du grand chroniqueur qu'il nous reste à étudier pour terminer ce livre. Ce n'est pas ainsi que Commines rédige ses *Mémoires*. Il est pourtant bien de son époque ; on s'aperçoit en le lisant que lui aussi est un précurseur de la Renaissance. Seulement, il n'écrit pas en littérateur, il se contente d'être un homme de goût. Chastelain est un bel esprit ; Commines est un grand esprit. Ajoutons que, s'il raconte le passé, ce n'est pas en historiographe, c'est en homme d'État. Il doit donc être mis hors de pair parmi ses contemporains et tenir dans ces études la place considérable que nous lui avons réservée.

(1) *Chronique* de J. Molinet, édit. Buchon, t. I, p. 87.

CHAPITRE VIII

COMMINES. — SA VIE.

Si la vie de Commines est aujourd'hui assez bien connue, ce n'est pas à lui que nous le devons. Ses *Mémoires* ne nous la révèlent que par épisodes et laissent dans une ombre discrète la plus grande partie de ses actes. Hâtons-nous de le dire, ce n'est pas uniquement par modestie et par humilité qu'il s'est imposé une pareille réserve. Cet auteur, qui était avant tout un homme d'État, a fait le diplomate vis-à-vis de la postérité. Bien qu'il eût, comme on le verra, la conscience assez large, il jugeait apparemment que tout ce qui était bon à faire n'était point bon à dire. Aussi a-t-il gardé sur les parties les plus troubles — et pour nous les plus intéressantes — de sa laborieuse existence le silence le plus prudent. Heureusement, de récentes études sur ce personnage et de curieux documents mis en lumière depuis quelques années nous permettent maintenant de suivre presque pas à pas dans toute sa carrière politique le confident retors du retors Louis XI (1). Ajoutons

(1) *V.* notamment la *Notice* de Mlle Dupont, en tête de son édition de Commines (t. I. p. I-CXXXVII) ; — *Philippe de Commines*, étude publiée dans les bulletins de l'Académie royale de Belgique année 1859, p. 256-292). par M. Kervyn de Lettenhove ; — *Lettres et négociations de Philippe de Commines*, publiées par le même

que sa vie privée, mise à nu, nous fait admirablement comprendre sa vie publique, aussi bien que son œuvre littéraire. L'homme, chez Commines, ne se peut séparer du ministre, non plus que de l'historien. C'est ce qu'on reconnaîtra sans doute après avoir lu le court exposé qui va suivre.

Commines fut par essence un homme d'affaires, qui s'intéressait fort à celles de ses maîtres, mais cherchait principalement à bien faire les siennes. Ce n'était pas un caractère romanesque, une âme sentimentale. Sa maxime favorite était qu'en toute chose, quand on a le profit, on a l'honneur. Bien qu'il fût noble, — et même assez grand seigneur, — les fumées de la chevalerie ne troublèrent jamais sa très pratique intelligence. Ses ancêtres, d'ailleurs, pas plus que lui, n'avaient été des paladins. C'étaient de riches bourgeois d'Ypres, appelés de la Clyte, qui, au XIVe siècle, gagnèrent la faveur des comtes de Flandre en les aidant à opprimer leurs concitoyens, et acquirent par mariage la belle seigneurie de Commines (1), sans parler d'autres fiefs importants (2). Les ducs de Bourgogne les comblèrent de bienfaits. Le père de notre historien fut grand bailli de Flandre. C'était, à ce qu'il paraît, un administrateur assez peu correct, car il mourut (en 1453) reliquataire envers son sei-

(Bruxelles, 1867-1874, 3 vol. in-8°). On lira aussi avec profit l'excellente étude de M. Chantelauze sur Commines. Nul n'a jugé le confident de Louis XI avec plus de sagacité et de justesse que ce savant historien, dont la perte récente est si regrettable.

(1) En Flandre, sur la Lys.

(2) Et notamment celui de Renescure, patrimoine de notre auteur, qui était de la branche cadette de sa famille (Commines était possédé par la branche aînée).

gneur de sommes considérables ; ses biens furent mis sous le séquestre et sa succession ne fut acceptée que sous bénéfice d'inventaire.

La liquidation faite, il se trouva que son héritage se réduisait à 2,224 livres (1). On en préleva 500 pour l'éducation de l'orphelin qu'il laissait et qui avait alors environ huit ans (2). Cet enfant, nommé Philippe, qui devait illustrer le nom de Commines, ne reçut, sous la direction d'un tuteur peut-être négligent, à coup sûr peu lettré, qu'une instruction toute féodale. Il n'apprit point le latin ; mais, dès l'enfance, il lut force livres d'histoire et s'habitua ainsi de bonne heure à expliquer les faits, aussi bien qu'à juger les hommes. Quand il fut en âge de *faire armes*, comme on disait, on le conduisit à la cour de Philippe le Bon, qui était son parrain et qui se chargea de son avenir. Le *grand-duc d'Occident* était alors (1464) bien près de la tombe. Mais il avait un fils jeune, ambitieux, actif, qui semblait devoir porter encore plus haut que lui les prétentions et la fortune de la maison de Bourgogne. C'était le comte de Charolais, qui fut Charles le *Hardi* pour ses courtisans, Charles le *Terrible* ou le *Téméraire* pour ses ennemis. Le jeune Commines fut attaché à ce prince comme écuyer et, par sa docilité, non moins que par ses rares qualités d'esprit, ne tarda pas à s'assurer sa confiance.

Il suivit peu après (1465) son maître qui, chef de

(1) Cela représenterait aujourd'hui environ cent mille francs.

(2) On le fait naître généralement en 1447. Mais sa mère étant morte cette année même et ayant eu après lui d'autres enfants, on voit que Commines a dû venir au monde au moins deux ans plus tôt, c'est-à-dire vers 1445.

la *Ligue du Bien public*, disputait par les armes au roi de France le chemin de Paris. S'il fit bonne contenance à Montlhéry, il ne manqua pas non plus à son devoir de soldat devant Dinant et devant Liège, qu'il vit prendre et détruire en 1466 et 1467. Charles, devenu duc de Bourgogne, le récompensa par le double titre de conseiller et de chambellan (1468), lui rendit tous les domaines de son père, lui livra tous ses secrets, l'emmenant partout avec lui, le faisant coucher dans sa chambre et le chargeant des missions les plus délicates. Le Téméraire s'était aperçu que cette nature pénétrante et souple était bien plus apte aux intrigues diplomatiques qu'aux chevauchées militaires. Aussi le consultait-il sur ses alliances et l'employait-il volontiers dans ses négociations les plus mystérieuses. C'est ainsi qu'il l'envoya d'abord à Calais (1470), un peu plus tard à Londres (1471), pour gagner, même à prix d'argent, les bonnes grâces du gouvernement anglais, et que, fort peu après, Commines dut, par ses ordres, parcourir la France, la Bretagne, l'Espagne, pour réunir et renouer les fils de la coalition si habilement dissoute par Louis XI, quelques années plus tôt.

Mais la violence et la courte vue d'un tel maître devaient infailliblement choquer un esprit mesuré, sagace, prévoyant comme lui. Maltraité par ce fou furieux, qui lui donna un jour de l'éperon à la tête, Commines, qui était vindicatif, avait su se taire, mais n'avait pas oublié. De plus, si son seigneur courait les yeux fermés à la ruine, il n'était pas homme à le suivre de même. Enfin, le conseiller du duc Charles n'était pas insensible au *profit*, au profit immédiat. Servir un maître capable de le comprendre et faire rapidement une grosse fortune, c'était son rêve. Louis XI lui permit de le réaliser. Ce roi diplomate qui appréciait fort les gens d'esprit et les consciences flexibles, n'oubliait pas que, pris au piège à Péronne (1), il avait dû aux avis secrets de ce jeune homme de se tirer tant bien que mal d'un fort mauvais pas. L'acheta-t-il dès cette époque ? on l'ignore. Mais il se souvint de lui, le caressa, le *pratiqua*, c'est-à-dire le marchanda de son mieux. Louis XI était une sirène dont le chant avait d'autant plus de vertu qu'il était d'ordinaire accompagné du tintement de l'or. Le fait est que, dès 1471, le confident du Téméraire était mystérieusement pensionné par le roi de France. Un an plus tard, comme il tardait à se prononcer, ce dernier le menaça d'un éclat. Commines n'hésita plus, et, au cours même d'une campagne de Charles contre Louis, s'enfuit pour aller rejoindre son séducteur (8 août 1472).

Il eut dès lors et pendant onze années un maître selon son cœur. C'était un prince avec lequel, nous dit-il, il fallait *charrier droit*. Mais quelle *sagesse*, c'est-à-dire quelle rouerie, et qu'il y avait plaisir à servir un souverain si avisé, si peu naïf ! Et combien ce plaisir était rendu plus sensible par les avantages matériels que ce roi faisait pleuvoir sur ses créatures ! Louis XI voulait qu'on ne pût gagner à le quitter.

(1) Il avait été en 1468 retenu prisonnier dans cette ville, où il s'était rendu sur la foi d'un sauf-conduit, et avait été menacé de perdre la couronne, peut-être même la vie.

Commines venait de perdre par sa défection tous ses domaines de Flandre, qui furent confisqués par son ancien seigneur. Mais qu'était-ce en comparaison de ce qu'il reçut ? Tout d'abord il fut conseiller et chambellan du roi de France, comme il l'avait été du duc de Bourgogne. Il eut une pension de six mille livres (1) ; son nouveau maître lui donna, dès 1472, la principauté de Talmont, qui comprenait dix-sept cents fiefs et arrière-fiefs, presque tout le Bas-Poitou. Fort peu après, en le mariant, Louis lui procura la vaste seigneurie d'Argenton, attenante à ce territoire et qui en doublait presque l'importance (1473). Il lui fit, en 1477, une large part dans les dépouilles du duc de Nemours Il sut enfin, dans maintes circonstances, rafraîchir et vivifier le zèle d'un serviteur incomparable, chez qui le désintéressement n'était pas à la hauteur du génie.

Louis XI, du reste, en comblant ainsi Commines de sa faveur, ne plaça mal ni sa confiance ni ses bienfaits. Le seigneur d'Argenton fut dès lors de moitié dans toutes ses entreprises, dans toutes ses intrigues, et si le rusé monarque put mener à bonne fin tant de subtils complots, tant de projets ténébreux, il le dut en grande partie à la dextérité, au sang-froid, à l'habileté peu scrupuleuse de ce nouvel auxiliaire. Commines fut son âme damnée, l'homme à tout faire qu'il employait avec succès aux besognes les plus délicates, aux missions les moins avouables. S'il faut jouer les Anglais à Pecquigny, captu-

(1) Somme qui de nos jours équivaudrait au moins à deux cent mille francs.

rer le connétable de Saint-Pol pour lui couper la tête, entourer d'espions Charles le Téméraire, ourdir contre lui coalition sur coalition, exploiter ses défaites en lui arrachant ses alliances, exploiter sa mort en réduisant ses villes ; s'il faut aller en Italie (1) pour y rassurer nos amis menacés, les payer de bonnes paroles, tenir la péninsule divisée, par suite impuissante ; s'il faut fomenter, sans en avoir l'air, des révolutions à Milan ; s'il faut à deux reprises (2) enlever le duc de Savoie, le tenir sous bonne garde et mettre ses États sous la main du roi de France, c'est le seigneur d'Argenton qu'on appelle, c'est lui qu'on envoie, c'est lui qui *pratique* et qui, presque toujours, réussit.

Aussi Louis XI, qui voit en lui son meilleur élève, lui témoigne-t-il ostensiblement une amitié qui lui fera bien des jaloux et des envieux. Il le fait manger à sa table ; il le fait coucher près de lui, dans son lit ; il lui parle tout bas. Un jour, en 1481, frappé d'une première attaque d'apoplexie et se croyant à sa dernière heure, non seulement c'est par d'Argenton qu'il fait ouvrir et lire sa correspondance, mais comme il a la langue embarrassée et ne pourrait se faire aisément comprendre de son confesseur, c'est encore d'Argenton qu'il charge de lui servir d'interprète auprès du prêtre ; du reste, ajoute discrètement notre auteur, il n'avait pas grand'chose à dire,

(1) Commines fut envoyé comme ambassadeur à Florence en mai 1478.

(2) En 1479 et en 1482.

Philippe de Commines. *(Reproduction de la Bibliothèque nationale.)*

car il s'était confessé quelques jours avant (1).

Il est vrai que dans l'entourage de Louis XI Commines a des rivaux, les Olivier le Daim, les Coictier, les Doyat, gens *de petit état* qu'il affecte de dédaigner, mais dont il ne nous parle qu'avec aigreur, courtisans âpres, avides, qui, vers la fin du règne, s'empareront de l'esprit du maître, exploiteront ses terreurs et feront un peu oublier les favoris de la veille. Le roi, près d'expirer, recommande à son successeur plusieurs de ces parvenus. Il ne dit rien pour l'homme qui était naguère son confident attitré. Mais cet oubli n'empêchera pas ce dernier de le pleurer.

Commines a bien sujet de regretter un pareil maître, car d'étranges disgrâces lui sont réservées, et la puissante main qui le protégeait ne sera plus là pour l'en garantir. Tout d'abord, l'ancien ami de Louis XI va être atteint dans ce qu'il a de plus cher, c'est-à-dire dans sa fortune ; son rusé maître l'avait enrichi, c'est vrai, mais en lui donnant le bien d'autrui, car cette principauté de Talmont, dont il l'avait si libéralement gratifié, il se l'était lui-même autrefois frauduleusement appropriée. Les héritiers légitimes de ce vaste domaine étaient les La Trémoille, grande famille qui n'avait cessé de poursuivre devant les tribunaux la revendication de son bien. Il ne déplaisait pas à Louis XI que Commines, menacé dans son droit de propriété, eût besoin d'être soutenu par lui contre la justice. Tant que ce prince avait vécu, son conseiller s'était ri des magistrats. Tous deux

(1) *Mémoires* de Commines, liv. VI, ch. 6.

avaient soustrait et jeté au feu, sans plus de façons, des pièces établissant que leurs adversaires étaient bien fondés dans leurs réclamations. Malheureusement pour d'Argenton, ce fait pouvait être prouvé, et il le fut dès que Louis XI eut rendu l'âme. Plusieurs témoins, d'autre part, affirmèrent qu'au lit de mort le roi avait recommandé de restituer Talmont aux La Trémoille. Ces derniers en outre s'étaient assuré, par une forte somme d'argent, la bienveillance d'Anne de Beaujeu, qui régnait maintenant sous le non du jeune Charles VIII. La justice fut de nouveau saisie de l'affaire. Alors s'engagea un second procès, qui parut devoir ne pas finir. Les détours de la chicane n'étaient pas moins familiers à Commines que ceux de la diplomatie. Il disputa le terrain pied à pied, soulevant sans cesse de nouveaux incidents, provoquant chaque jour de nouvelles complications, de nouveaux délais. Sa ténacité n'avait d'égale que sa mauvaise foi. Après trois ans de procédure, le Parlement le condamna (mars 1486) ; mais il ne se rendit pas encore. Il fallut ordonner la saisie de tous ses biens et, même après ce dernier arrêt, il sut faire naître tant de difficultés et embrouilla si bien la cause, que l'entière restitution de Talmont aux La Trémoille n'eut lieu qu'en 1491.

Durant cette instance et à raison même des revendications exercées contre lui, Commines, jusque-là si prudent, s'était laissé aller à de téméraires intrigues qui faillirent lui coûter non seulement la fortune, mais la tête. Les La Trémoille étant protégés par Anne de Beaujeu, il s'était donné corps et âme au duc d'Orléans, c'est-à-dire à la faction féodale qui combattait cette princesse et tendait à reconstituer la *Ligue du Bien public*. Après avoir servi si docilement un despote, il était devenu tout à coup homme d'opposition. Il avait applaudi, en 1484, les États généraux redemandant les libertés publiques. Ses agissements l'avaient fait, en 1485, renvoyer du conseil du roi. Réfugié dans ses terres, il continua de se remuer, entretenant de mystérieuses correspondances avec les conspirateurs du dedans et avec des princes étrangers, avançant même de l'argent pour la réussite du complot. En 1486, il dut se retirer chez le duc de Bourbon. L'année suivante, au moment où allait éclater la *Guerre folle*, qu'il avait préparée, il se disposait, paraît-il, à enlever Charles VIII pour le livrer à ses protecteurs. Cette fois, Madame de Beaujeu le frappa plus fort. Le duc d'Orléans parvint à fuir ; mais Commines fut arrêté et put, six mois durant (janvier-juillet 1487), *tâter* (comme il dit), au fond du château de Loches, de ces cages de fer que jadis Louis XI avait aimé à donner pour demeure aux prisonniers d'État. Transféré à Paris, il y subit encore pendant vingt mois, à la Conciergerie, une détention d'abord rigoureuse, mais qui s'adoucit peu à peu. L'accusation de lèse-majesté qui pesait sur sa tête devint pour lui moins menaçante à mesure que la ligue des grands inspira moins de crainte à Anne de Beaujeu. Quand cette princesse eut triomphé, le Parlement jugea enfin le seigneur d'Argenton, qui s'était défendu lui-même, et avec beaucoup d'éloquence. Un arrêt rendu au mois de mars 1489 le condamna à dix ans d'exil dans un de ses châteaux et à la confiscation du quart de ses biens. La peine était en somme assez douce, et il avait pu longtemps s'attendre à pis.

Du reste, un homme comme lui, jeune encore, pourvu d'amis puissants, sachant à merveille se retourner et prendre le vent, avait encore pour lui l'avenir. Commines n'avait point renoncé aux honneurs et sa vie politique n'était pas finie. L'arrêt qui le frappait ne fut pas exécuté. Maximilien d'Autriche, dont naguère il avait été le secret auxiliaire, ne l'oublia pas. Le traité de Francfort, qu'il conclut en juillet 1489 avec Charles VIII, contint une clause en sa faveur et lui fit même espérer la restitution de ses domaines de Flandre. Dès 1490, le seigneur d'Argenton reparut à la cour. Il reçut même du roi, l'année suivante, un don de trente mille livres. Son ancien protecteur, le duc d'Orléans, remis en liberté, avait reparu aussi (1). Puis il rentra au conseil, contribua pour sa part au mariage de Charles VIII avec Anne de Bretagne, et parut avoir recouvré tout son crédit à l'époque du traité de Senlis, dont il fut un des principaux négociateurs (mai 1493) (2).

Nous disons parut, car en réalité l'influence de Commines ne fut jamais aussi grande sous Charles VIII qu'elle l'avait été sous Louis XI. Le

(1) En juillet 1491, par suite d'une intrigue de cour à laquelle Commines ne fut pas étranger.

(2) C'est le traité par lequel Charles VIII, qui avait renoncé à épouser Marguerite d'Autriche, fille de Maximilien, restitua la dot de cette princesse, c'est-à-dire l'Artois et la Franche-Comté.

nouveau roi était un jeune homme ignorant, léger, la tête pleine de fumées chevaleresques, enfin tout l'opposé de son père. Il ne rêvait que lointaines et aventureuses expéditions, sans rien faire pour en assurer le succès. Il se laissait mener par des ambitieux qui, pour la plupart, étaient ennemis personnels du seigneur d'Argenton. Ce dernier chercha vainement, en 1494, à le détourner d'aller attaquer le royaume de Naples. Il lui fallut, de guerre lasse prendre part à cette entreprise, qui fut bien *conduite de Dieu*, dit-il, *tant à l'aller qu'au retour*, *car le sens des conducteurs n'y servit guère.*

Nous devons ajouter que ce n'était pas la raison seule qui lui faisait envisager avec effroi une pareille équipée. Il y répugnait aussi par intérêt. Naples avait pour alliée Florence, et Florence était gouvernée par les Médicis, les plus grands banquiers du temps. Or les Médicis, avec qui Commines était depuis quinze ans en relations étroites, lui devaient de l'argent. Si la guerre amenait leur chute, qu'allait devenir sa créance ? C'était sans doute sa principale préoccupation dans les premiers temps de son séjour à Venise, où Charles VIII l'envoya comme ambassadeur en septembre 1494. Il se permit même de conseiller secrètement à Pierre de Médicis de ne pas ouvrir ses places aux Français, pour ne pas fournir au parti populaire une raison de le renverser. Pierre ne l'écouta pas, et les Florentins le chassèrent. Commines, malgré une habileté à laquelle les diplomates si consommés de Venise rendaient hautement hommage, ne réussit pas mieux à prévenir une ligue formidable qui se forma contre la France sous ses yeux, au mois de mars 1495. Il ne put qu'en avertir Charles VIII et hâter le retour de ce prince, qui revint de Naples et dut livrer aux confédérés, pour se frayer un passage, la furieuse bataille de Fornoue (6 juillet 1495). Le seigneur d'Argenton assistait à cette action, avant et après laquelle il fut chargé d'amuser l'ennemi par de feintes négociations. Un peu plus tard, c'est lui qui prépara et conclut le traité de Verceil (10 octobre), par lequel Charles VIII abandonnait le duc d'Orléans, prétendant au Milanais. Il croyait avoir fait un coup de maître, car cette convention semblait nous assurer l'alliance de Ludovic Sforza, duc de Milan, à qui nous promettions les dépouilles de Venise, si cette république refusait de rentrer dans notre amitié. Par malheur, les ennemis de Commines le firent justement envoyer à Venise pour obtenir d'elle son adhésion à la paix. La seigneurie refusa net, et Ludovic, que l'ambassadeur vit au retour (novembre 1495), prit prétexte de cette mission pour accuser la France de duplicité; il n'exécuta pas le traité. Aussi, après ces déconvenues, la cour de France, que l'infortuné diplomate alla rejoindre à Lyon (vers la fin de 1495), ne lui fit-elle pas grand accueil.

« Ceulx qui avoient esté courroucez de la paix de Versay, lisons-nous dans ses *Mémoires*, furent fort joyeulx de la tromperie que nous avoit faicte le duc de Milan, et en creut leur auctorité ; et me lavèrent bien la teste, comme on a accoutumé de faire, aux courtz des princes, en semblables cas. Bien estoye iré et marry... » (Liv. VIII, ch. 19.)

TRADUCTION. — « Ceux qui avaient été courroucés de la paix de Verceil furent fort joyeux de la tromperie que nous avait faite le duc de Milan, et leur autorité s'en accrut ; et ils me lavèrent bien la tête, comme on a coutume de le faire dans les cours des princes en semblables cas. J'en étais bien fâché et bien marri. »

Dans les années suivantes, Commines employa le peu de crédit qui lui restait à soutenir auprès de Charles VIII le nouveau gouvernement florentin. C'était pour obtenir le remboursement des sommes que lui devaient les Médicis. Mais on ne lui donna guère, en retour de ses bons offices, que de bonnes paroles. Le seigneur d'Argenton, du reste, n'était guère écouté en cour. On dédaignait ses avis. On se méfiait de lui. Il se sentait suspect, en butte à des soupçons d'autant plus malaisés à dissiper qu'on ne le mettait jamais en présence de ses accusateurs.

Le faible Charles VIII n'osait pas lui révéler leurs propos. Ce n'est pas ainsi, au sens de notre auteur, que doivent agir des princes avisés.

«... Faudroit en demander aux personnes l'ung devant l'aultre (j'entens de l'accusation et de l'accusé), et par ce moyen ne se feroit nul rapport, s'il n'estoit veritable. Mais il y en a de si bestes, qu'ilz promettent et jurent n'en dire riens : et par ce moyen... hayent le plus de fois les meilleurs et les plus loyaulx serviteurs qu'ilz ayent, et leur font des dommaiges, à l'appetit et rapport de plusieurs meschans, et par ce moyen font de grans tortz et de grans griefz à leurs subjetz... » (Liv. VIII, ch. 20.)

TRADUCTION. — « Il faudrait interroger les personnes, l'une devant l'autre (j'entends l'accusateur et l'accusé), et par ce moyen il ne se ferait nul rapport, s'il n'était véritable. Mais il y en a de si bêtes qu'ils promettent et jurent de n'en rien dire : et par ce moyen... ils haïssent la plupart du temps les meilleurs et les plus loyaux serviteurs qu'ils aient, et leur font des dommages, sur le désir et le rapport de plusieurs méchants, et par ce moyen font de grands torts et de grands griefs à leurs sujets... »

Pour comble de malheur, Commines s'était à jamais aliéné son protecteur d'autrefois, le duc d'Orléans, en contrecarrant ses vues par le traité de Verceil. Il avait voulu par là complaire à Charles VIII, qui ne désirait pas que ce prince fût trop puissant. Le roi était jeune alors et avait un fils : il y avait intérêt à se mettre de son côté. Mais bientôt l'enfant mourut ; la santé de Charles s'affaiblit. Le duc d'Orléans redevint l'héritier présomptif de la couronne, et tous les ambitieux se tournèrent vers lui. Commines le servit de nouveau dans le conseil, parla d'attaquer Ludovic Sforza. Mais cette volteface ne lui fit pas regagner la faveur de son ancien ami. Ce dernier, devenu roi peu après sous le nom de Louis XII, ne lui montra dès le premier jour qu'indifférence.

« Quand j'eus couché une nuit à Amboise, raconte tristement le diplomate disgracié, j'allay devers ce roy nouveau, de qui j'avoye esté aussi privé que nulle aultre personne, et pour luy avoye esté en tous mes troubles et pertes : toutesfois pour l'heure ne luy en souvint point fort... » (Liv. VIII, ch. 27.)

TRADUCTION. — « Quand j'eus couché une nuit à Amboise, j'allai vers ce roi nouveau, dans l'intimité duquel j'avais été plus que nulle autre personne, et pour lui j'avais été en tous mes troubles et pertes ; toutefois, pour l'heure, il ne lui en souvint point fort... »

Dès cette même année (1498), Commines, sans doute par ordre, s'éloigna de la cour. Il ne prit donc pas part aux grands événements qui signalèrent le début du règne. A force d'instances, il parvint pourtant, en 1505, à se faire rappeler comme chambellan par Louis XII, qui l'emmena, deux ans plus tard, en Italie. Mais il ne joua plus en politique qu'un rôle insignifiant, et, vers 1510, il prit sagement le parti de rentrer pour toujours dans la vie privée. Les tribulations, du reste, ne manquèrent pas plus à sa vieillesse qu'à son âge mûr. La seigneurie d'Argenton, qu'il avait acquise par mariage, lui était depuis longtemps disputée en justice par la famille de Chabot. Il en fut dépossédé par un arrêt de l'an 1508, qui mit ce grand domaine en saisie et ne lui permit plus d'habiter son château qu'à titre de locataire. Commines passa donc assez tristement ses dernières années. Il n'eut d'autre satisfaction que de marier sa fille unique avec un de ses débiteurs qui, à défaut d'argent, avait au moins des terres et, comme on dit, des espérances. C'était René de Brosse, comte de Penthièvre, qui descendait de la maison de Blois et avait, par suite, quelques droits au duché de Bretagne (1).

Il mourut à Argenton, le 18 octobre 1511, et fut enterré dans une chapelle qu'il avait fait construire au couvent des Grands-Augustins de Paris (2). Il

(1) Il n'eut jamais la Bretagne, mais ses descendants firent de fort grandes alliances; le sang de Commines, grâce à lui, s'est mêlé à celui de plusieurs familles souveraines.

(2) Son gendre lui éleva un magnifique tombeau, surmonté de sa

laissait parmi ses contemporains, grâce à ses actes, la réputation non d'un très honnête homme, mais d'un homme d'État de premier ordre ; il la garde aujourd'hui, grâce à ses écrits, devant la postérité.

statue et celle de sa femme Hélène de Chambes. Ce monument précieux de la Renaissance française se trouve aujourd'hui au musée historique de Versailles.

CHAPITRE IX

COMMINES (*suite*). — ANALYSE DE SES MÉMOIRES.

Philippe de Commines écrivit ses *Mémoires* à la prière d'un de ses amis, Angelo Cato, astrologue et médecin italien qui avait passé, comme lui, du service de Charles le Téméraire à celui de Louis XI et qui, par la grâce de ce dernier prince, était devenu archevêque de Vienne, en Dauphiné. Il souhaite dans son *Prologue* que sa prose vulgaire soit mise en beau latin par ce savant personnage. Mais c'est de sa part, n'en doutons pas, politesse et coquetterie pures. L'auteur savait bien que son texte original n'avait rien à gagner à être translaté en une langue morte. De fait, ce texte, publié dès 1524 et 1528, fit les délices d'une société lettrée qui, dans l'œuvre de Commines, n'apprécia pas moins l'écrivain que l'homme d'État. Cet ouvrage, qui charma au XVIe siècle un penseur comme Montaigne, et au XVIIe un politique comme Richelieu, a été bien des fois réimprimé depuis, et l'accueil fait de nos jours par les esprits sérieux à chacune des éditions nouvelles que l'on en donne, prouve que les générations actuelles n'en méconnaissent pas la haute valeur (1).

Ces Mémoires qui, comme nous l'avons dit plus haut, sont, sauf vers la fin, beaucoup moins une autobiographie de l'auteur qu'une histoire générale de la politique bourguignonne et de la politique française, forment deux ouvrages tout à fait distincts et qu'aucun lien logique, en dépit des éditeurs, ne rattache l'un à l'autre. Les six premiers livres, composés de 1488 à 1491, retracent, à partir de 1464, la lutte de Charles le Téméraire contre Louis XI et mènent le lecteur jusqu'à la mort de ce dernier, c'est-à-dire jusqu'en 1483. Le septième et le huitième, écrits de 1497 à 1498, sont presque entièrement consacrés à l'expédition de Charles VIII en Italie, c'est-à-dire aux événements de 1494 et de 1495, et à leurs conséquences immédiates. Quant à la période intermédiaire entre ces deux séries d'événements, Commines a sans doute jugé prudent de passer par-dessus sans mot dire. Nous n'avons plus besoin d'expliquer pourquoi.

Son ouvrage n'a pas l'allure sautillante et un peu vagabonde de celui de Froissart. L'auteur a un

(1) Les six premiers livres de Commines furent imprimés à Paris en 1524 ; les deux derniers le furent en 1528. L'ensemble des *Mémoires* fut publié depuis, avec des notes, des commentaires et d'importantes pièces justificatives, par Denis Sauvage, en 1552, par Denis Godefroy en 1649, par son fils Jean Godefroy en 1713, par Lenglet-Dufresnoy en 1747. Les collections Petitot et Michaud l'ont reproduit de nos jours. Les deux dernières et les deux meilleures éditions de Commines sont celles de Mlle Dupont (Paris, 1830, 3 vol. in-8°, pour la Société de l'histoire de France), et de M. Chantelauze (Paris, 1881, 1 vol. in-4°).

sujet bien déterminé, qu'il ne perd jamais de vue. Si les faits qu'il raconte lui inspirent à chaque instant des réflexions morales, si sa narration n'est pas tout à fait exempte de digressions, on doit reconnaître que ces jugements, comme ces épisodes se rattachent toujours naturellement au récit principal et ne constituent jamais des hors-d'œuvre. Rien n'est donc plus facile que d'analyser les Mémoires de Commines. Il suffit de suivre l'ordre des matières.

Nous sommes d'abord à la brillante cour de Bourgogne, où le futur historien vient de prendre service en 1464. Il ne nous en décrit pas, comme Chastelain ou de la Marche, les splendeurs un peu théâtrales. Ce qui le frappe, ce ne sont pas les dehors, ce sont les dessous. Nous voyons, grâce à lui, se former la *Ligue du Bien public*, nous assistons à la bataille de Montlhéry et, peu après, nous faisons connaissance avec cet incomparable séducteur qui s'appelle Louis XI. Nous l'entendons amadouer, de sa langue dorée, le farouche comte de Charolais.

« — Mon frere, lui dit-il, je congnois que vous estes gentilhomme et de la maison de France. » Ledit comte de Charroloys lui demanda : « Pourquoy, monseigneur? — Pour ce, dist-il, que quant j'envoyay mes ambassadeurs à l'Isle, n'a gueres, devers mon oncle vostre pere, et vous, et que ce fol Morvillier parla si bien à vous, vous me mandates par l'arcevesque de Narbonne que je me repentiroye des parolles que vous avoit dit ledit Morvillier, avant que fust le bout de l'an. » Et dist le roy ces parolles: « Vous m'avez tenu promesse, et encores beaucoup plus tost que le bout de l'an. » Et le dist en bon visage et riant, congnoissant la nature de celluy à qui il parloit estre telle, qu'il prendroit plaisir ausdites parolles : et seurement elles lui pleurent. Puis poursuivit ainsi : « Et avec telz gens veuil je avoir à besongner, qui tiennent ce qu'ils promettent. » Et desavoua ledit Morvillier.... » (Liv. I, ch. 12.)

TRADUCTION. — « Mon frère, lui dit-il, je vois que vous êtes gentilhomme et de la maison de France. » Ledit comte de Charolais lui demanda : « Pourquoi, Monseigneur? — Parce que, dit-il, quand j'envoyai mes ambassadeurs à Lille, naguère, auprès de mon oncle, votre père, et de vous, et que ce fou de Morvilliers vous parla si bien, vous me mandâtes par l'archevêque de Narbonne que je me repentirais des paroles que vous avait dites ledit Morvilliers avant le bout de l'an. » Et le roi dit ces paroles: « Vous m'avez tenu promesse, et encore beaucoup plus tôt que le bout de l'an. » Et il le dit de bon visage et riant, sachant que la nature de celui à qui il parlait était telle qu'il prendrait plaisir auxdites paroles: et sûrement elles lui plurent. Puis il poursuivit ainsi : « Et j'aime avoir affaire à pareilles gens qui tiennent à ce qu'ils promettent. » Et il désavoua ledit Morvilliers... »

Bientôt, grâce à ce patelinage, la ligue est dissoute. Mais les traités de Conflans et de Saint-Maur sont à peine conclus, que le roi les viole ou les tourne. La Normandie est reprise, le duc de Bretagne est mis à la raison, sans que Charles le Téméraire, occupé aux sièges de Dinant et de Liège (1466-1467), puisse rien empêcher. Un jour vient cependant où le nouveau duc de Bourgogne semble sur le point de prendre sa revanche. Louis XI, qui a eu l'imprudence de l'aller voir à Péronne, est en son pouvoir. Mais cette fois encore la sirène triomphe. Le suzerain s'humilie devant son vassal, sourit aux menaces, consent à tout ; il aide même à saccager

Louis XI à Péronne.

Liège, son alliée de la veille (1468). A ce prix, il redevient libre, regagne son frère qui lui opposait le duc, rétablit en Angleterre les Lancastre, ses amis, et, vers la fin de 1470, attaque ouvertement, non sans succès, son terrible adversaire. Mais le vent tourne une fois de plus. Charles parvient à renverser les Lancastre (1471), réorganise à grands frais la Ligue du Bien public. Mais, privé de son principal auxiliaire, le duc de Guyenne, qui meurt fort à propos pour Louis XI, dépité par l'insuccès de sa nouvelle prise d'armes (1472), il consent à une trêve et tourne vers l'Allemagne son exubérante ambition. Il s'est mis en tête de se faire roi, de dominer tout le long du Rhin. On dirait qu'à plaisir il cherche de nouveaux ennemis. Il en trouve effectivement beaucoup : l'Empereur l'empêche de prendre Nuys ; l'Alsace se soulève contre lui ; les Suisses envahissent la Franche-Comté (1474-1475). En revanche, il perd ses alliés, et Louis XI, à force d'argent et de belles promesses, détache de lui, par le traité de Pecquigny, le roi d'Angleterre Édouard IV. Dès lors la Fortune, secrètement dirigée par le roi de France, le frappe à coups redoublés. Il va comme un furieux se heurter contre la Suisse; Granson l'abat ; tous ses amis l'abandonnent ; Morat l'achève et, peu de mois après, périt devant Nancy, comme un aventurier, le *grand-duc d'Occident* (janvier 1477).

Commines, qui nous a retracé tout ce drame, nous en montre ensuite les conséquences. Louis XI a semé. Saura-t-il maintenant récolter ? Grisé par le succès, au dire de son historien, il compromet maintenant son œuvre par une précipitation et une violence indignes de son génie. Sans doute il réussit jusqu'au bout, par des prodiges de rouerie diplomatique, à leurrer, à neutraliser les puissances dont il pourrait avoir quelque chose à craindre, l'Angleterre, par exemple, et les États italiens. Mais il s'attire une guerre fâcheuse, il ne peut s'approprier qu'une faible partie de l'héritage bourguignon et il lègue à ses successeurs une grosse querelle avec la maison d'Autriche. Quoi qu'il en soit, cette fin de règne que Commines, par parenthèse, raconte fort sommairement, est pour sa politique un incontestable triomphe. Grâce à lui, le royaume est pacifié, la grande féodalité politique est abattue, l'unité de la France est assurée. Il ne s'agit plus maintenant que de donner au pays une bonne administration.

« Aussi, dit notre auteur, desiroit de tout son cueur de pouvoir mettre une grant pollice en ce royaulme, et principallement sur la longueur des procez, et bien brider ceste court de Parlement : non point diminuer leur nombre, ne leur auctorité ; mais il avoit contre cueur plusieurs choses, dont il la hayoit. Aussi desiroit fort que en ce royaulme l'on usat d'une coustume et d'un pois et d'une mesure, et que toutes ces coustumes fussent mises en francoys en ung beau livre, pour éviter la cautelle et pillerie des avocatz, qui est si grande en ce royaulme que en nul autre elle n'est semblable, et les nobles d'icelluy la doivent bien congnoistre : et si Dieu luy eust donné la grace de vivre cinq ou six ans, sans estre trop pressé de maladie, il eust faict beaucoup de bien à son dit royaulme... (Liv. VI, ch. 5.)

TRADUCTION. — Aussi désirait-il de tout son cœur pouvoir mettre un grand ordre en ce royaume et principalement au sujet de la durée des procès, et bien brider cette cour de Parlement (non qu'il en voulût restreindre le personnel ni l'autorité, mais il avait sur le cœur plusieurs choses, qui la lui faisaient haïr). Il désirait également fort qu'en ce royaume on n'usât que d'une coutume, d'un poids et d'une mesure, et que toutes ces coutumes fussent mises en français en un beau livre, pour éviter la ruse et la pillerie des avocats, qui sont si grandes en ce royaume qu'en nul autre elles ne sont semblables, et les nobles de ce (royaume) le doivent bien savoir ; et si Dieu lui eût donné la grâce de vivre cinq ou six ans, sans être trop pressé de maladie, il eût fait beaucoup de bien à sondit royaume... »

Malheureusement, les jours de Louis XI étaient comptés. Dès 1481, plusieurs attaques d'apoplexie lui avaient fait pressentir une fin prochaine. A partir de cette époque, le roi devint de plus en plus sombre, soupçonneux, inquiet. C'est le Louis XI de la légende, vieilli, amaigri, méfiant et cruel, que Commines nous montre claquemuré dans ce Plessis hérissé de pointes de fer, d'où l'on tire sur tout venant et où le roi n'admet qu'à grand'peine ses plus proches parents. Il change fréquemment le personnel de sa maison, il s'habille fastueusement, il fait acheter à grands frais des animaux rares dans toute l'Europe, il ne veut pas qu'on le croie moribond, et il veut si bien vivre qu'il mande du fond de l'Italie un pauvre moine qui, dit-on. fait des miracles, et le supplie à genoux d'obtenir pour lui quelque répit du ciel. Mais il aura beau faire : il lui faut bien, dit son historien, *passer à son tour par où les autres ont passé avant lui*. La mort lui sera rendue plus sensible par la brutalité avec laquelle ses serviteurs l'inviteront à s'y préparer. Les favoris de bas étage, qui si longtemps avaient exploité ses terreurs, le voyant décidément perdu, lui signifièrent sa fin, dit Commines,

« ...en briefves parolles et rudes, disans : « Sire, il fault que nous acquictions : n'aiez plus d'espérance en ce sainct homme ne en aultre chose, car seurement il est faict de vous, et pour ce, pensez de votre conscience ; il n'y a nul remede. » Et chascun dit quelque mot assez brief, ausquels il respondit : « J'ay esperance que Dieu me aidera, car, par adventure, je ne suis pas si mallade que vous pensez. » (Liv. VI, ch. 11.)

TRADUCTION. — « ...en paroles brèves et rudes, disant : « Sire, il faut que nous nous acquittions ; n'ayez plus d'espérance en ce saint homme, ni en autre chose, car sûrement c'en est fait de vous ; c'est pourquoi, pensez à votre conscience ; il n'y a nul remède. » Et chacun dit quelques mots assez brefs, auxquels il répondit : « J'ai espérance que Dieu m'aidera, car je ne suis peut-être pas aussi malade que vous pensez... »

Quelques heures après, il était mort. Le souvenir de cette fin sinistre inspire à l'historien quelques chapitres d'une grande élévation sur les misères des rois, et c'est par là qu'il termine son sixième livre.

Au commencement du septième, nous sommes en plein règne de Charles VIII et bien loin du Plessis-lès-Tours. Commines explique en homme d'État consommé les origines diplomatiques des guerres d'Italie et nous fait comprendre comment, au mépris des droits de René II, duc de Lorraine, Charles VIII, poussé par d'ambitieux favoris, comme Etienne de Vesc et Briçonnet, appelé par tous les mécontents de la péninsule, entraîné par

Entrée de Charles VIII à Naples. *(Reproduction du Musée de Versailles.)*

ses penchants aventureux, se décide à partir, en 1494, pour la conquête de Naples. L'armée française franchit les Alpes et, en cinq mois, parvient au but, sans avoir livré une seule bataille. Toutes les villes se sont ouvertes; tous les princes ont capitulé ou ont pris la fuite. Mais, enivré par ce facile triomphe, le roi de France s'oublie dans les plaisirs, mécontente comme de parti pris ses nouveaux sujets et ne voit pas l'orage qui se forme contre lui du côté de Venise. Commines, son ambassadeur, qui, depuis plusieurs mois, a prévu la coalition dont la France est menacée et a fait de son mieux pour l'empêcher de se former, est mandé un matin par le doge, qui lui en révèle officiellement l'existence.

« La ligue, nous dit-il, fut conclue ung soir, bien tard. Le matin me manda la Seigneurie, plus matin qu'ilz n'avoient de coutume. Comme je fus arrivé et assis, me dict le duc que, en l'honneur de la saincte trinité, ilz avoient conclud ligue avec nostre Sainct Pere le Pape (1), les roys des Rommains (2) et de Castille (3), eulz et le duc de Milan (4), à trois fins... Et estoient assemblez en grant nombre, comme de cent ou plus, et avoient les testes haultes et fesoient bonne chiere, et n'avoient point contenances semblables à celles qu'ilz avoient le jour qu'ilz me dirent la prinse du chasteau de Naples... » (Liv. VII, ch. 20.)

TRADUCTION. — « La ligue fut conclue un soir, bien tard. Le matin, la Seigneurie me manda plus tôt que de cou-

(1) Alexandre VI (Borgia), pape de 1492 à 1503.
(2) Maximilien d'Autriche, élu roi des Romains en 1486, empereur en 1493.
(3) Ferdinand le *Catholique*, roi d'Aragon (depuis 1479), époux d'Isabelle, reine de Castille (depuis 1474).
(4) Ludovic Sforza, dit le More, détrôné plus tard par Louis XII.

tume. Lorsque je fus arrivé et assis, le doge me dit qu'en l'honneur de la sainte Trinité, ils avaient conclu une ligue avec Notre Saint-Père le Pape, les rois des Romains et de Castille, eux et le duc de Milan, à triple fin... Et ils étaient assemblés en grand nombre, comme de cent ou davantage, et avaient les têtes hautes et faisaient bon visage, et n'avaient point contenances semblables à celle qu'ils avaient le jour qu'ils m'annoncèrent la prise du château de Naples (par Charles VIII)... »

Le soir, l'ambassadeur français assista, la mort dans l'âme, sans vouloir s'y mêler, à une fête bruyante donnée par la Seigneurie aux représentants des puissances coalisées contre Charles VIII. Ses négociations ultérieures, qu'il nous raconte, le convainquirent que son maître ne rentrerait pas en France sans avoir à combattre la coalition. Le jeune roi dut quitter Naples en toute hâte et se diriger à marches forcées vers le nord de l'Italie. Le seigneur d'Argenton, qui le rejoignit à Sienne, nous conte en détail comment, avec une poignée d'hommes, il franchit les Apennins au milieu des difficultés inouïes, comment, contre toute espérance, il culbuta près de Fornoue l'armée de la ligue, si supérieure en nombre à la sienne, et put enfin gagner un pays ami. Le récit des petites intrigues d'où sortit le traité de Verceil et de la dernière mission de Commines à Venise amène le lecteur au commencement de 1496. Tout ce qui suit n'est qu'un épilogue. Grâce à l'imprévoyance et à l'insouciance de Charles VIII qui, de retour en France, passe d'abord son temps en *joutes, en tournois, et ne pense à nulle autre chose*, le royaume de Naples est en quelques mois entièrement perdu ; l'Espagne se joue de nous, Sforza se rit de nos menaces et Florence fait monter sur le bûcher Savonarole, le mystique tribun qui tant de fois avait appelé les Français. C'est juste à ce moment que le fils de Louis XI, qui, depuis quelques mois, semble assagi par l'expérience et paraît vouloir réparer ses fautes, est tout à coup frappé par la mort en pleine jeunesse, à vingt-huit ans.

« Ainsi despartit de ce monde, écrit tristement Commines, si puissant et si grant roy... Et combien peult-on... congnoistre la puissance de Dieu estre grande, et que c'est peu de chose que de nostre misérable vie, qui tant nous donne de peine pour les choses du monde, et que les roys n'y peuvent resister non plus que les laboureurs... » (Liv. VIII, ch. 26.)

TRADUCTION. — « Ainsi quitta ce monde un si puissant et un si grand roi... Et comme on peut voir... que la puissance de Dieu est grande et que c'est peu de chose que notre misérable vie, qui nous donne tant de peine pour les choses du monde, et que les rois ne peuvent résister (à la mort) non plus que les laboureurs ! »

CHAPITRE X

COMMINES (*suite*). — SON AUTORITÉ HISTORIQUE.

Philippe de Commines n'est pas de ces annalistes inconscients, simples machines à écrire, enregistrant les faits sans tenir compte de leur importance respective et sans se douter du lien de causalité qui les unit. C'est un véritable historien, et un historien politique au meilleur sens du mot. Mêlé de sa personne aux événements qu'il raconte, il en connaît et en retrace à merveille l'enchaînement. Les jugements qu'il porte à chaque page sur les hommes et les choses dénotent le diplomate, l'administrateur rompu aux grandes affaires, le penseur calme et froid dont la philosophie, toute pratique, semble avoir inspiré tant de souverains ou de ministres modernes. Ce n'est pas sans raison que Charles-Quint, Henri IV, Richelieu, ont fait de ses *Mémoires* leur livre de chevet. Est-ce à dire pour cela que notre auteur ait possédé toutes les qualités nécessaires pour bien écrire l'histoire ? Non certes. Mais, à tout prendre, nul de ses devanciers français n'a mérité comme lui le titre que nous lui donnons.

Froissart est un *reporter*, de génie si l'on veut, mais ce n'est qu'un reporter, qui a vu par lui-même peu de choses et ne conte que d'après autrui. Joinville, homme d'action, n'écrit qu'un demi-siècle après les faits dont il fut témoin et ne se défend pas d'être un panégyriste. Villehardouin, lui, raconte bien, au lendemain même des événements, la guerre à laquelle il a pris une si grande part ; mais son récit n'est, en somme, qu'un épisode historique et n'a ni l'ampleur ni la portée morale de celui que nous devons au confident de Louis XI.

Commines avait beaucoup appris et n'avait eu le temps de rien oublier quand il se mit à l'œuvre. Nul chroniqueur ne fut jamais mieux informé que lui. On a vu plus haut dans quelle étroite intimité il vécut avec Charles le Téméraire et avec son heureux antagoniste. Tous les souverains, seigneurs et hommes d'État qui jouèrent en Occident un rôle de quelque importance pendant la seconde moitié du XVe siècle furent avec lui en rapports d'affaires ou d'amitié. J'ai eu, dit-il dans son prologue,

« ...autant de congnoissance de grans princes, et autant de communication avec eulx, que nul homme qui ait esté en France de mon temps, tant de ceulx qui ont regné en ce royaulme, que en Bretaigne et en ces parties de Flandres, en Allemaigne, Angleterre, Espaigne, Portingal et Italie, tant seigneurs temporels que spirituelz, que de plusieurs dont je n'ay eu la veue, mais congnoissance par communications de leurs ambassades, par lettres et par leurs instructions, par quoy on peult avoir assez d'informations de leurs nature et condition... »

TRADUCTION. — « ...connu autant de grands princes et eu autant de rapports avec eux que nul homme qui ait été en France de mon temps, qu'ils aient régné en ce royaume, en Bretagne, en Flandre, en Allemagne, Angleterre, Espagne, Portugal ou Italie, qu'ils fussent seigneurs temporels ou spirituels, sans compter plusieurs que je n'ai pas vus, mais que j'ai connus grâce à leurs ambassades, à leurs lettres et à leurs instructions, par quoi on peut avoir assez d'informations de leur nature et de leur condition... »

Commines ne conte en général que ce qui s'est passé sous ses yeux ou ce qu'il tient de source très sûre. Quand il retrace des événements qui se sont accomplis loin de lui, il a bien soin de nous dire : Je n'y étais pas, telle chose m'a été rapportée. Sur certains points il se tait, sans doute parce qu'il n'a pas été suffisamment informé (1). C'est un esprit positif, et il aime par-dessus tout à voir clair.

S'il voit, du reste, c'est qu'il veut voir, c'est qu'il regarde ; s'il regarde, c'est parce qu'il veut comprendre, et il n'y a guère pour lui d'illusions d'optique. Nul n'est mieux fait que lui pour démêler la vérité ; car il est aussi pénétrant que peu crédule. Rien n'égale la patience avec laquelle il observe, la finesse et la sagacité qu'il met à débrouiller, à analyser, à décrire les intentions cachées des princes, leurs intrigues, leurs mines et contre-mines. Louis XI, qu'il le veuille ou non, ne peut avoir de secrets pour lui. Ses pensées intimes, ses calculs, ses terreurs, tant au milieu de sa vie si agitée qu'aux heures sombres de l'agonie, tout lui est également familier. Il perce à jour l'âme la plus ténébreuse de son temps, c'est-à-dire le connétable de Saint-Pol.

(1) C'est ainsi qu'il passe sous silence la guerre de Louis XI contre le duc de Bretagne en 1467, les États généraux de 1468, la ruine de la maison d'Armagnac en 1473, etc.

S'il ne se méprend pas sur les caractères des hommes, il discerne d'autre part ceux des peuples avec une sûreté merveilleuse. Il s'intéresse aux institutions, les étudie avec soin, les expose et les juge avec une rectitude qui manque généralement aux écrivains de son temps. Nul n'a mieux compris que lui, au xve siècle, ce qui faisait la force du gouvernement vénitien, ce qui devait faire la grandeur du gouvernement anglais. A certains endroits de son livre, on croirait lire *l'Esprit des lois*. Si Montesquieu, par exemple, croit, et non sans raison, que le climat d'un pays a une puissante influence sur la nation qui l'habite, Commines, plus de deux siècles avant lui, n'en était pas moins convaincu. Notre nation, dit-il,

« est située entre les ungs et les aultres (entre le nord et le midi) ; et est environnée de l'Italie et de l'Espaigne, et Cathalongne du costé de levant, et Angleterre et ces parties de Flandre et de Hollande, vers le ponant ; et encore nous vient joindre Allemaigne partout vers la Champaigne. Ainsi nous tenons de la region chaulde et de la froide ; par quoy avons gens de deux complexions. Mais mon advis est que, en tout le monde, n'y a region mieulx située que celle de France... » (Liv. IV, ch. 6.)

TRADUCTION. — « ...est située entre les uns et les autres, et est environnée de l'Italie et de l'Espagne et de la Catalogne du côté du levant, et de l'Angleterre, de la Flandre, de la Hollande, vers le couchant ; et l'Allemagne vient encore nous rejoindre tout le long de la Champagne. Ainsi nous tenons de la région chaude et de la froide ; aussi avons-nous gens de deux complexions. Mais mon avis est qu'en tout le monde il n'y a pas une région mieux située que la France... »

Si notre auteur va au fond des choses et voit si

juste, on pense bien que c'est parce qu'il aime à juger par lui-même et ne s'en rapporte guère aux autres. Il n'accepte jamais les récits qui lui sont faits que sous bénéfice d'inventaire. Il sait notamment que celui qui raconte des batailles enfle d'ordinaire le nombre des morts et des blessés. Pour lui, qui n'est pas naïf et qui, surtout, ne veut point le paraître, il rabat ce qu'il faut rabattre. Bien que bon catholique, il n'a nul penchant pour le merveilleux. S'il rapporte avec égards les prédictions d'Angelo Cato et de Savonarole, qui furent ses amis, il écrit fort nettement d'autre part :

« Dieu ne parle plus aux gens, ny n'est plus de prophètes qui parlent par sa bouche ; car sa foy est assez entendue, et tout notoire à ceulx qui la veulent entendre et savoir... » (Liv. V, ch. 18.)

TRADUCTION. — « Dieu ne parle plus aux hommes, et il n'est plus de prophètes qui parlent par sa bouche ; car sa foi est assez entendue et toute claire pour ceux qui la veulent entendre et connaître... »

Si Commines est mieux renseigné, s'il voit plus nettement que personne, s'ensuit-il que ses récits soient toujours complets, toujours exacts ? Sous ce double rapport, il faut le reconnaître, quelques réserves sont nécessaires.

Sans parler de la façon souvent assez fautive dont il écrit les noms propres (1), on peut lui reprocher une certaine négligence à indiquer les dates et quelques

(1) Il écrit, par exemple, Archambaud pour Hagenbach, Trevoul pour Trivulzio, Lespecie pour La Spezzia, Breto d'Auflicque pour Obietto de Fiesque, etc.

Savonarole.

légers anachronismes. Il s'en excuse lui-même quelque part avec beaucoup de bonne grâce. Cela n'a, du reste, aucune importance. Parfois aussi, s'il ne dit pas tout ce qu'il sait, c'est qu'il suppose les faits trop bien connus d'Angelo Cato, à qui son œuvre est dédiée.

« Je ne vous garde point, déclare-t-il, l'ordre d'escripre que font les histoires, ny nomme les annees, ny proprement le temps que les choses sont advenues, ny ne vous allegue riens des choses passées pour exemple (car vous en savez assez, et seroit parler latin devant les cordeliers)... » (Liv. III, ch. 4.)

TRADUCTION. — « Je n'observe point la façon d'écrire ordinaire des histoires, et n'indique point les années, non plus que le temps où les choses sont advenues, et je ne vous allègue pour exemple rien des choses passées (car vous en savez assez, et ce serait parler latin devant les cordeliers). »

Il faut bien le dire, il y a aussi dans l'œuvre de Commines des réticences moins innocentes. Certaines lacunes que l'on remarque en son récit dénotent de sa part des préoccupations qu'un intègre historien n'éprouverait pas. Je ne sais si le seigneur d'Argenton parla jamais à personne entièrement à cœur ouvert. Mais il est manifeste que, vis-à-vis du lecteur, il est resté diplomate et s'est mis sur la défensive. Sa conscience, fort large, lui permet de nous révéler, sans le moindre embarras, certaines *tromperies*. Mais il en est d'autres qui lui semblent devoir être passées sous silence, et lui-même nous en prévient. Il est tel cas où il paraît gêné par le secret professionnel. On peut bien être sûr, par exemple, qu'il ne dit pas ce qu'il sait de la mort du duc de Guyenne, frère de Louis XI, que ce dernier fut publiquement accusé d'avoir empoisonné. S'il atténue la part prise par le roi de France aux agissements de Campobasso, qui trahit le duc de Bourgogne et peut-être le fit tuer, c'est évidemment moins par ignorance que par discrétion. D'autres fois, s'il supprime des événements importants auxquels il n'a pas été étranger, on est fondé à croire que c'est moins par modestie que par prudence. A l'époque où il écrivait, la mémoire du duc de Nemours était remise en honneur ; dix ans plus tôt, il avait contribué à la perte de ce personnage et s'était fait donner une portion de ses biens ; aussi juge-t-il sage de ne nous point conter son procès. S'il mentionne rapidement la mission qu'il accomplit à Florence en 1478, il a bien soin de laisser dans l'ombre sa participation aux révolutions de Milan, ses coups de main en Savoie et maints autres hauts faits de ce genre. On devine sans peine pour quelles raisons il a cru devoir ne pas retracer les dix premières années du règne de Charles VIII. Enfin, les véritables, ou du moins le principal motif de son opposition à la guerre d'Italie n'est nulle part exprimé dans son livre. Nous l'avons fait connaître plus haut. L'on voit par ces exemples que l'intérêt personnel a quelquefois retenu la plume de l'historien, comme il avait souvent retenu la langue du courtisan.

Si Commines peut être incriminé pour ce qu'il ne dit pas, a-t-on le droit de le mettre en cause pour ce qu'il dit ? Montre-t-il dans ses récits et dans ses jugements une impartialité suffisante ? Est-il du moins équitable, comme doit l'être un véritable historien, envers les hommes et envers les peuples ?

Tout d'abord, en ce qui concerne les individus, il a la prétention de les apprécier uniquement d'après leurs mérites, sans prévention ni faveur, et nous devons reconnaître qu'il fait de louables efforts pour la justifier.

« Les croniqueurs, dit-il, n'escripvent que les choses à louenge de ceulx de qui ilz parlent, et laissent plusieurs choses, ou ne les sçavent pas aucunes fois... Je me delibere de ne parler de chose qui ne soit vraie et que je n'aye veue ou sceue de si grans personnaiges qu'ilz ne soient dignes de croire, sans avoir egard aux louenges : car il est bon à penser qu'il n'est nul prince si saige qui ne faille aucunes foys, et bien souvent, s'il a longue vie ; et ainsi se trouveroit de leurs faiz, s'il en estoit dict toujours la vérité... » (Liv. V, ch. 13.)

TRADUCTION. — « Les chroniqueurs n'écrivent que les choses à la louange de ceux dont ils parlent et laissent plusieurs choses, ou les ignorent parfois... J'ai l'intention de ne parler de chose qui ne soit vraie et que je n'aie vue ou sue de si grands personnages qu'ils soient dignes de foi, sans m'occuper des louanges : car il faut bien se dire qu'il n'est prince si sage qui ne fasse quelques fautes, et beaucoup s'il a longue vie, ce qui se trouverait dans leurs actes, si l'on en disait toujours la vérité... »

Notre auteur nous affirme que, s'il a été comblé de bienfaits par Louis XI et traité durement par Charles VIII, ce n'est pas une raison pour qu'il croie devoir juger l'un avec plus de complaisance que l'autre. S'il met deux parties en présence, il affecte de tenir entre eux la balance égale, et de ne pas dissimuler plus les perfidies de l'un que celles de l'autre, *car partout il y a du bien et du mal* (1). Effectivement, il fait son possible pour rendre justice à Charles le Téméraire, à Charles VIII, qui n'étaient point, il le reconnaît, sans quelques qualités ; il critique assez sévèrement par endroits (2) la politique de Louis XI. Quand il s'agit de princes étrangers, comme Edouard IV d'Angleterre ou Ferdinand II de Naples, qui n'ont été ni ses bienfaiteurs ni ses persécuteurs, on ne peut guère douter de son indépendance, et lorsqu'après en avoir dit beaucoup de mal, il ajoute que ce n'est pas la haine qui le fait parler, il faut reconnaître que son témoignage mérite toute confiance.

Il a pourtant, comme tout homme, quoi qu'il dise et quoi qu'il pense peut-être, ses préférences et ses antipathies. Son œuvre en porte la trace à chaque page. Il est évident, pour qui a lu ces *Mémoires*, que Louis XI est son héros de prédilection. Ce prince l'a séduit, subjugué par sa supériorité intellectuelle. Il l'admire non seulement dans ses finesses, mais dans ses roueries. Bien qu'il lui reconnaisse quelques imperfections, il le juge d'ordinaire avec une indulgence que nous avons le droit de trouver excessive. Tout compte fait, il voit en lui le meilleur des princes de son temps et ne se lasse pas de le répéter. Il va même jusqu'à vanter la parfaite ré-

(1) Liv. III, ch. 4.

(2) Notamment au livre V, où il le blâme d'avoir employé la violence pour s'approprier la succession de Bourgogne.

gularité de sa vie privée, ce en quoi ce diplomate, d'ordinaire si plein de tact, manque décidément de mesure.

Par contre, et comme on doit s'y attendre, il maltraite un peu plus Charles le Téméraire que les convenances et même la vérité historique ne semblent l'y autoriser. Il nous le représente comme une sorte de fou furieux, surtout après Granson et après Morat. Si le duc de Bourgogne s'est perdu, à son sens, c'est pour avoir méprisé les conseils de ses serviteurs et pour avoir voulu combattre trop d'ennemis à la fois. Il serait juste de reconnaître que certains de ses serviteurs l'ont trahi, Commines tout le premier, et que les machinations de Louis XI n'ont pas peu contribué à lui faire des ennemis. On doit remarquer aussi que notre auteur ne pèche pas en général par excès de bienveillance envers Charles VIII ; ce prince n'est presque jamais, à ses yeux, qu'un écervelé, un homme ignorant, borné, frivole, auquel il attribue même, en un certain endroit, une révoltante sécheresse de cœur.

Il n'est pas trop surprenant, d'autre part, que notre historien traite sans indulgence ses ennemis personnels. Il n'est pas bien sûr qu'il soit toujours à leur égard d'une rigoureuse équité. Son animosité contre Etienne de Vesc et Briçonnet, favoris de Charles VIII, est évidente. Peut-être les eût-il moins malmenés s'ils n'eussent quelque peu contribué à le déposséder de Talmont. Il en est de même de Coictier, le célèbre médecin de Louis XI, qui n'est guère pour lui qu'un escroc, et auquel il ne peut pardonner de s'être fait donner par son maître cinquante-quatre mille écus en cinq mois. Quant à Olivier le Daim (ou le Diable), Flamand comme lui et qui, vers la fin, l'avait à peu près supplanté au Plessis-lès-Tours, il l'accable d'un mépris trop affecté pour ne pas cacher de cruelles rancunes. C'est un homme grossier, sans talent, sans honneur, un intrigant de bas étage, un homme de *petit état*, c'est-à-dire d'origine obscure, et l'humilité de sa naissance n'est pas son moindre tort, au jugement de Commines.

On peut constater en effet, par de nombreux passages des *Mémoires* que nous étudions, l'aversion résolue de l'auteur pour la bourgeoisie et pour la roture. Il ne lui souvenait guère sans doute de ses ancêtres, les vieux échevins d'Ypres. Quoi qu'il en soit, il n'avait nul penchant pour le *populaire*. L'aristocratie seule, telle qu'il l'avait vue, par exemple, à Venise, lui paraissait capable et digne de gouverner, même en république. Les *gens du commun*, et en particulier les rudes artisans de Gand, toujours si prompts aux révolutions, n'étaient pour lui que troupeaux de *bestes*, que foules privées de *sens et de congnoissance*, toujours portées à l'ingratitude et à la violence.

« En leur fait, nous dit-il, y a toujours eu plus de folie que de malice ; et aussi ce sont toujours grosses gens de mestier, le plus souvent, qui y ont le crédit et l'auctorité, qui n'ont nulle congnoissance des grans choses, ne de celles qui appartiennent à gouverner un Estat. Leur malice ne gist qu'en deux choses : l'une, c'est que par toutes voyes ilz desirent affoiblir et diminuer leur prince ; l'autre, que quant ilz ont faict quelque mal ou grant erreur et qu'ilz se voient les plus foibles, jamais gens ne cherchent leur appoinctement en plus grande humilité qu'ilz font, ny ne donneront plus grans dons... » (Liv. V, ch. 17.)

TRADUCTION. — « En leur fait il y a toujours eu plus de folie que de malice. Ce sont en effet toujours grosses gens de métier qui y ont le crédit et l'autorité, qui n'ont nulle connaissance des grandes choses, ni de celles qui concernent le gouvernement d'un État. Leur malice ne consiste qu'en deux choses : l'une, c'est que par toutes voies ils désirent affaiblir et diminuer leur prince ; l'autre, c'est que, quand ils ont fait quelque mal ou quelque grande erreur et qu'ils se voient les plus faibles, jamais gens ne cherchent un arrangement avec plus d'humilité qu'eux, ni ne donneront de plus grands dons. »

Si Commines a des préventions nobiliaires, il n'a pas, en revanche, de préjugés nationaux. Ses jugements sur les principaux peuples de l'Europe dénotent de sa part, en général, autant d'indépendance que de sagacité. Cela ne veut pas dire qu'il n'ait ses préférences ; mais il ne les fait connaître qu'avec mesure. Il aime par-dessus tout les Français, pour leur entrain guerrier, leur vivacité, leur finesse dans les négociations. Sous ce dernier rapport, les Anglais, à son sens, leur sont bien inférieurs, mais ils les surpassent à la guerre. Les Suisses sont de vigoureux et braves soldats, naguère ignorants et naïfs, mais qui savent le prix de l'argent depuis qu'ils se louent comme mercenaires dans toute l'Europe, et qui ne laisseraient plus traîner dans la boue les diamants de Charles le Téméraire. Quant aux Italiens, le seigneur d'Argenton, qui les avait beaucoup pratiqués, se croyait fondé à les juger avec quelque sévérité. S'il appréciait très fort leurs aptitudes militaires et surtout diplomatiques, il trouvait que leur fourberie et leur corruption dépassaient toute limite. Ils sont, selon lui, mobiles, peu fidèles ; *leur nature est de complaire aux plus forts.* Ils canonisent sans façon des scélérats et s'excusent en disant qu'ils ont l'habitude d'appeler *saints tous ceux qui leur ont fait du bien* (1). Mais l'opinion peu flatteuse qu'il a d'eux n'empêche pas Commines de leur rendre justice et de reconnaître qu'en certaines occasions, notamment pendant la retraite de Charles VIII, leur conduite à l'égard des Français, leurs ennemis, a été digne d'éloges.

Tout compte fait, et si l'on résume le présent chapitre, on doit reconnaître que, comme historien, Commines, mieux informé, plus clairvoyant que ses devanciers, a été à peu près aussi équitable. Son livre a donc pour nous, en tant que source d'informations, la plus haute valeur. Mais il a moins d'importance encore, on va le voir tout à l'heure, par le mérite même des récits que par la portée morale des jugements qui les accompagnent.

(1) Liv. VII, ch. 9.

CHAPITRE XI

COMMINES (*suite*). — SA MORALE.

Les *Mémoires* de Commines sont un traité de morale pratique à l'usage des princes. Hâtons-nous de le dire, la morale qu'il préconise n'est jamais très élevée et n'est pas toujours très recommandable. C'est celle qu'il avait vu pratiquer par les souverains de son temps, et surtout par Louis XI, son héros de prédilection. Elle a pour but unique le succès et peut se résumer par cette courte maxime : qui veut la fin veut les moyens. C'est la doctrine que Machiavel, son contemporain, expose théoriquement dans son livre du *Prince*. Le chroniqueur français n'a pas réuni et groupé logiquement ses préceptes pour en faire, comme l'écrivain florentin, un cours continu et régulier de politique. Il les a laissé simplement tomber de sa plume à l'occasion des faits qu'il avait à conter. Tout événement est pour lui matière à réflexions, et ses réflexions sont en général celles qu'eût faites l'auteur avec lequel nous venons de le comparer. Pour lui, comme pour Machiavel, il s'agit avant tout, quand on est homme d'État, de réussir. *Ceux qui gagnent*, dit-il, *ont toujours l'honneur*. S'il faut, pour en arriver là, s'humilier et subir des affronts, point d'hésitation : Commines pense avec Louis XI que *quant orgueil chevauche devant, honte et dommage le suivent de bien près* (1). S'il faut ruser, pratiquer l'art des restrictions mentales, tourner la loi, méconnaître un serment, s'il faut semer l'or, ce sont là, juge-t-il, procédés que l'insuccès peut rendre blâmables, mais que la victoire justifie pleinement. S'il y a intérêt à trahir, mon Dieu, que l'on trahisse. Quoi de plus naturel ? Ce qui ne l'est pas à ses yeux, c'est qu'on ne se fasse pas payer fort cher et surtout qu'on trahisse gratis (2). Sans doute la justice et la loyauté ne sont pas systématiquement bannies par notre auteur. Si ces deux vertus vous peuvent être de quelque utilité, servez-vous-en, rien de mieux. Mais ce n'est pas sur elles seules que repose la science de gouverner les hommes. La politique, pour Commines, est une science à part, qui se suffit à elle-même, qui a sa vie propre et ses exigences, — toujours légitimes. L'historien de Louis XI diffère, il est vrai, de l'auteur du *Prince* en ce qu'il ne recommande pas cyniquement, comme lui, l'emploi de la force. Il préfère pour sa part les moyens doux, qui sont, à son sens, toujours plus habiles. Il faut ajouter qu'en homme pratique et qui n'ignore pas quels ménagements exige l'opinion publique, il se garde bien d'exclure, comme Machiavel, la Providence de sa morale. Il la promène au contraire fort dévotement d'un bout à l'autre de son livre, mais c'est pour lui faire exécuter d'assez vilaines besognes. C'est en effet d'ordinaire par l'intervention divine qu'il explique bien des

(1) Liv. II, ch. 4.
(2) Liv. IV, ch. 3 ; liv. VIII, ch. 3.

César Borgia.

événements dont les causes (il le sait) ne sont que trop humaines, mais ne sont pas toujours très avouables. S'il parle de traités violés, de révolutions, d'usurpations, il s'indigne quelquefois, mais rarement. Le plus souvent, tout cela lui paraît juste. Pourquoi? Parce que le Ciel l'a voulu. Et comme les desseins d'en haut sont impénétrables, il n'y a plus qu'à s'incliner. Mais, en bonne foi, quand sa Providence signe un décret, n'a-t-elle pas un peu la main guidée? Et quand elle est servie par des ministres comme Louis XI ou comme le seigneur d'Argenton lui-même, ne nous fait-elle pas l'effet d'un de ces rois constitutionnels qui règnent et ne gouvernent pas?

Si Commines part d'un principe foncièrement immoral, ce n'est point à dire que les règles de conduite pratique qu'il trace aux hommes d'État méritent toutes une égale réprobation. Notre auteur est un esprit pondéré, qui répugne à tout excès et qui souvent, par bon sens, donne aux rois les conseils que d'autres leur offriraient par vertu.

D'abord, Commines, grand travailleur, n'admet pas les rois fainéants. Il faut, selon lui, qu'un prince soit élevé avec le plus grand soin, sans complaisances, sans flatteries; qu'il apprenne de bonne heure et à fond l'art de la guerre; qu'il orne son esprit et médite surtout les leçons de l'histoire. Rien n'est plus à plaindre qu'un monarque ignorant, jouet et victime des intrigants, des ambitieux qui l'entourent (1).

(1) V. liv. I, II, V, *passim*.

« Croyez, lisons-nous dans les *Mémoires* qui nous occupent, que Dieu n'a point estably l'office de roy ne d'autre prince, pour estre exercé par les bestes, ny par ceulx qui par vaine gloire dient : « Je ne suis point clerc; je laisse faire à mon conseil », et puis, sans assigner autre raison, s'en vont à leur esbaz. S'ils avoient esté bien nourriz en la jeunesse, leurs raisons seroient aultres, et auroient envye que l'on estimast leurs personnes et leurs vertus... » (Liv. II, ch. 6.)

TRADUCTION. — « Croyez bien que Dieu n'a point établi l'office de roi ni d'autre prince pour être exercé par les bêtes, ni par ceux qui par vaine gloire disent : « Je ne suis point instruit, je laisse faire à mon conseil », et puis, sans donner d'autres raisons, s'en vont à leurs ébats. S'ils avaient été bien élevés en leur jeunesse, leurs réponses seraient autres, et ils auraient envie qu'on estimât leurs personnes et leurs mérites. »

Il ne suffit pas d'être instruit. On n'apprend pas tout dans les livres. Il faut aussi étudier les hommes, pour savoir ce que l'on peut en attendre de bien ou de mal. Il n'est pas mauvais même que cette expérience soit un peu chèrement acquise. L'adversité est une école qui, mieux qu'aucune autre, forme les rois, les rend prudents. Celui que souhaite Commines sera de sens rassis, avisé, circonspect. Il ne débutera pas par de brusques mutations de personnel, qui feraient des mécontents et troubleraient certainement l'État. Il évitera de blesser ses sujets, de provoquer ses voisins sans nécessité. Il sera fort réservé dans son langage et s'abstiendra de toute parole outrageante. Il sera bon toujours, mais jamais faible ; s'il n'est pas mauvais d'être aimé, il est surtout désirable d'être craint. Il se gardera principalement d'accorder trop aisément sa confiance et de la donner sans réserve. Être soupçonneux est pour notre auteur une vertu éminemment royale. Le prince fera donc ce qui dépendra de lui pour n'être pas trompé. Mais il ne faut pas, d'autre part, que l'ingratitude l'aigrisse et le dégoûte de faire du bien à ses serviteurs. Être généreux est le moyen d'en avoir de bons. Savoir les choisir est une difficulté, savoir les garder en est une autre Tout en les bien traitant, le maître ne doit pas cesser de les dominer. Il ne faut pas les combler assez de bienfaits pour qu'ils n'aient plus rien à espérer ; car, dans ce cas, ils cesseraient sans doute d'être dévoués. Il est également essentiel que le roi tienne entre eux la balance égale, limite le crédit de l'un par celui de l'autre, voie tout, dirige tout par lui-même et ne s'abandonne jamais à la direction exclusive d'un seul favori.

« Il faull qu'ilz prengnent la peine de conduire eulx-mesmes leurs affaires pour le moins, et quelquesfois en appeler d'aultres, selon les matières, et les tenir presque esgaulx ; car s'il en y a ung si grant que les aultres le craignent (comme feit le roy Charles huictiesme et a faict jusques icy, qui tousjours en a eu ung), celluy là est roy et seigneur, quant à l'effect, et se trouve le maistre mal servy : comme il a faict de ces gouverneurs, qui ont tres bien faict leurs besongnes et mal les siennes, et en a esté moins estimé. » (Liv. VIII, ch. 19.)

TRADUCTION. — « Il faut qu'ils prennent au moins la peine de conduire eux-mêmes leurs affaires ; et si quelquefois ils en appellent d'autres, selon les matières, qu'ils les tiennent presque égaux ; car s'il y en a un si grand que les autres le craignent (comme fit et a fait jusqu'ici le roi

Charles VIII, qui toujours en a eu un), celui-là est, de fait, roi et seigneur, et le maître se trouve mal servi, comme il l'a été de ces gouverneurs, qui ont très bien fait leurs affaires et mal les siennes, et il en a été moins estimé. »

La principale préoccupation d'un roi intelligent, instruit et bien servi, doit être, selon Commines, d'alimenter sans cesse son trésor, afin de n'être jamais pris au dépourvu et de pouvoir au besoin faire couler l'or à flots. Cela ne veut pas dire qu'il doive écraser son peuple d'impôts : ce serait une détestable politique. Une surveillance continuelle et une économie bien entendue doivent suffire à lui assurer de bonnes finances. Notre auteur, du reste, quoiqu'il ait servi fort docilement un despote, n'est pas d'avis que le droit de lever des taxes non consenties par les contribuables appartienne au souverain. Il admire fort l'Angleterre, où la nation ne paie de subsides que lorsque le Parlement les a votés. Il s'indigne, dans un chapitre fort éloquent, que des courtisans éhontés osent attribuer au roi de France un absolutisme fiscal contraire à toutes nos anciennes libertés.

« Nostre roy, dit-il, est le seigneur du monde qui mains a cause de user de ce mot : « J'ay privileige de lever sur mes subjectz ce qu'il me plaist », car ne luy ne aultre ne l'a : et ne luy font nul honneur ceulx qui ainsy dient pour le faire estimer plus grant, mais et le font haïr et craindre aux voisins, qui pour riens ne vouldroient estre soubz sa seigneurie ; et mesmes aucuns du royaulme s'en passeroient bien... » (Liv. V, ch. 19.)

TRADUCTION. — « Notre roi est le seigneur du monde qui doit le moins user de ce mot : « J'ai droit de lever sur mes sujets ce qu'il me plaît », car ni lui ni un autre ne l'a ; et ce n'est pas lui faire honneur que de parler ainsi pour le faire estimer plus grand, mais c'est le faire haïr et craindre aux voisins, qui pour rien ne voudraient être sous son autorité ; et même quelques-uns du royaume s'en passeraient bien. »

L'historien rappelle ensuite avec émotion tout ce que la nation française a fait spontanément et de grand cœur pour ses rois, ses sacrifices, son inébranlable fidélité.

« Est-ce donc sur de telz subjectz, ajoute-t-il, que le roy doit alléguer privilege de pouvoir prendre à son plaisir, qui si libéralement luy donnent ? Ne seroit-il plus juste, envers Dieu et le monde, de lever par ceste forme que par voulunté désordonnée ? car nul prince ne le peult aultrement lever...., si n'est par tyrannie, et qu'il ne soit excommunyé ; mais il en est bien d'assez bestes pour ne savoir ce qu'ils peuvent faire ou laisser en cest endroit. »

TRADUCTION. — « Est-ce donc sur de tels sujets qui lui donnent si libéralement, que le roi peut alléguer privilège de pouvoir prendre à son plaisir ? Ne serait-il pas plus juste, envers Dieu et le monde, de lever de cette façon que par volonté désordonnée ? Car nul prince ne peut lever autrement... si ce n'est par tyrannie et sans être excommunié. Mais il en est bien d'assez bêtes pour ne savoir ce qu'ils doivent faire ou laisser à cet égard. »

On ne doit pas être étonné que Commines, homme d'ordre et de mesure, s'élève avec vigueur contre l'abus inintelligent et brutal de la force. Les plus détestables rois sont à ses yeux ceux qui n'agissent que par caprice, qui oppriment leurs sujets, les ruinent, les réduisent au désespoir.

« Ils pugnissent, dit-il, soubs umbre de justice, et ont gens de ce mestier prestz à leur complaire, qui d'ung peché veniel font un peché mortel... De leurs subjectz, ilz desappoincteront ceulx qui auront bien servy leurs predecesseurs pour faire gens neufz, pour ce qu'ilz mettent trop à mourir. Ils brouilleront les gens d'église sur le faict de leurs bénéfices, afin que pour le mains ilz tirent recompense, pour en enrichir quelcun, à l'appetit (le plus de foys) de ceulx qui ne l'auront point desservy, et d'hommes et de femmes, qui en aucun temps pevent beaucoup. Aux nobles, donneront travail sans cesse et despense, sous couleur de leurs guerres,... sans considerer de leurs estats et de ceulx qu'ilz deussent appeler avant les commencer ; car ce sont ceulx qui y ont emploié leurs personnes et leurs biens, pourquoy ils en deussent bien savoir avant que on les commençast. De leurs peuples, la plupart ne leur laissent riens, et apres avoir payé des tailles trop plus grandes qu'ils ne deussent, encore ne donnent nul ordre sur la forme de vivre de leur gens d'armes, lesquelz sans cesse sont par pays, sans riens paier, faisant les autres maulx et excez que chascun de nous scet, car ilz ne se contentent point de la vie, si sont payez, davantaige baptent les pouvres gens et oultraigent, et contraignent d'aller chercher pain, vin, vivres dehors ; et si le bon homme a femme ou fille qui soit belle, il ne fera que saige de la bien garder. » (Liv. V, ch. 18.)

TRADUCTION. — « Ils punissent sous ombre de justice et ont gens de ce métier prêts à leur complaire, qui d'un péché véniel font un péché mortel : de leurs sujets, ils destitueront ceux qui auront bien servi leurs prédécesseurs, pour faire des hommes neufs, parce qu'ils mettent trop longtemps à mourir. Ils brouilleront les gens d'église sur le fait de leurs bénéfices, afin d'en tirer pour le moins récompense, pour en enrichir quelqu'un, le plus souvent à la demande de ceux qui ne l'auront point mérité, et d'hommes et de femmes qui souvent peuvent beaucoup. Aux nobles, ils causeront sans cesse travail et dépense, sous couleur de leurs guerres.... sans tenir compte de leur condition ni de ceux qu'ils devraient appeler avant de commencer : ce sont ceux qui y emploient leurs personnes et leurs biens, ce qui leur donnerait le droit d'en être informés avant que l'on commençât. Généralement, ils ne leur laissent rien de leurs peuples et après avoir fait payer (à ces derniers) des tailles bien plus grandes qu'ils ne les devraient, encore ne donnent-ils nul ordre sur le régime des gens d'armes, qui sans cesse sont par pays, sans rien payer, faisant les autres maux et excès que chacun de nous sait, car ils ne se contentent point de la nourriture, mais se font payer et en outre battent les pauvres gens et les outragent, et les contraignent d'aller chercher pain, vin, vivres dehors ; et si le bon homme a femme ou fille qui soit belle, il ne fera que sagement de la bien garder. »

Notre historien veut que son roi ait toujours une forte armée, non seulement pour soutenir ses intérêts au dehors, mais pour protéger l'ordre et la légalité au dedans. Seulement il doit la soumettre à une exacte et invariable discipline. Ce qu'il dit des souverains s'applique aussi naturellement aux nobles, qui doivent être sous eux les chefs de la nation et dont les excès sont d'autant plus blâmables que, dans la plupart des cas, la justice humaine ne peut les atteindre. On frappe, dit Commines, un particulier qui a mal fait. Mais les princes et les grands, qui les punira ? Dieu seul sans doute. Qui les retiendra sur le bord du crime ? La foi, c'est-à-dire la crainte des châtiments qui les attendent dans l'autre vie. Malheureusement, cette foi, seule garantie des sujets, Commines constate que les gouvernants ne l'ont pas toujours. Si celui qui détient à tort le bien d'autrui (que ce soit un duché ou un moulin), se disait : *Je n'entrerai pas dans le paradis si je ne fais satisfaction, si je ne rends ce que j'ai d'un tel,*

« Est-il creable, demande notre auteur, qu'il y eust prince ne princesse au monde qui voulist riens retenir de son subject ne de son voisin, ne qui voulist faire mourir nul à tort, ne le tenir en prison, ne oster aux ungs pour enrichir les aultres ?... Par ma foy, non, il n'est pas creable. Si avoient donc ferme foy et qu'ils creussent ce que Dieu et l'Église nous commande sur peine de dampnation, congnoissans leurs jours estre si briefz, les peines d'enfer estre si horribles, et sans fin ne remission pour les dampnez, feroient-ils ce qu'ils font ? Il fault conclure que non et que tous les maulx viennent de faulte de foy... » (Liv. V, ch. 19.)

TRADUCTION. — « Est-il croyable qu'il y eût prince ni princesse au monde qui voulût rien retenir de son sujet ni de son voisin, ni qui voulût faire mourir ou tenir en prison personne à tort, ni ôter aux uns pour enrichir les autres ?... Par ma foi, non, ce n'est pas croyable. Si donc ils avaient ferme foi et qu'ils crussent ce que Dieu et l'Église nous commandent sous peine de damnation, sachant que leurs jours sont si courts, que les peines d'enfer sont si horribles et sans fin ni rémission pour les damnés, feraient-ils ce qu'ils font ? Il faut conclure que non et que tous les maux viennent de faute de foi. »

La religion de Commines est, comme on voit, un calcul très pratique. Du reste, pour lui comme pour presque tous les politiques de son temps, il est avec a foi des accommodements. Quand on prend le bien d'autrui, on se persuade volontiers qu'on ne fait que reprendre le sien, et l'on met ainsi sa conscience en repos. Ajoutons en passant que, pour avoir la foi — à sa façon, — le confident de Louis XI n'a pas envers l'Église un respect sans réserve. Il ne la voudrait pas trop riche ; il blâme son maître des dons excessifs qu'il lui a faits ; il la trouve, comme beaucoup de ses contemporains, corrompue, relâchée, et si l'on pouvait la réformer, ce serait, à son sens, *une bonne, grande et très sainte besogne* (1).

Pour en revenir au roi et à ses devoirs, on doit bien penser qu'un diplomate tel que Commines ne lui permettra pas de négliger les relations extérieures. Son prince doit sans cesse surveiller l'étranger, avoir partout non seulement des ambassadeurs, mais des espions de tout rang (2). Il lui faut des alliances. Mais il se gardera bien d'en conclure avec ses égaux ; il recherchera de préférence le concours des petits États, pour pouvoir mener ses auxiliaires, au lieu d'être mené par eux. Autant que possible, il ne s'adressera pas à ses voisins. Des amis éloignés valent mieux, parce qu'il n'est pas probable qu'on se trouve jamais avec eux en conflit d'intérêts.

Il faut nouer des intrigues dans toutes les cours et négocier toujours, même en temps de guerre, et avec l'ennemi. Si l'adversaire vous envoie une ambassade, envoyez-en deux, prenez même les devants, laissez-vous accuser d'excessive humilité, n'ayez pas d'amour-propre ; le succès justifiera tout. Faites traîner les pourparlers tant qu'il faudra pour en venir à vos fins, changez vos envoyés pour

(1) Liv. VII, ch. 16.

(2) Il enverra, par exemple, de jeunes gentilshommes, qui seront censés voyager pour compléter leur éducation, des moines qui auront l'air d'aller en pèlerinage, etc.

dérouter la partie adverse, inventez des moyens dilatoires. D'autre part, ne commencez jamais les hostilités sans être exactement informé des forces qui vous seront opposées ; calculez à l'avance et à tête reposée vos chances de victoire. Menez ensuite rapidement la campagne, si vous n'avez affaire qu'à un seul antagoniste ; mais, sur toutes choses, évitez les batailles rangées. Une grande bataille perdue, c'est la démoralisation dans tout le pays, c'est l'administration désorganisée, c'est le gouvernement méprisé, c'est l'anarchie déchaînée. Il ne faut pas s'exposer ainsi à tout perdre ou à tout compromettre en un jour. Le grand art, c'est de risquer peu et de faire beaucoup de mal à l'ennemi, tout en s'abstenant de ces barbaries qui déshonorent souvent les gens de guerre. Si l'on combat une coalition, loin de précipiter les opérations, il y a tout avantage à les faire durer. Un roi qui a dix mille hommes sous la main et qui en fait ce qu'il veut est plus fort que cinq adversaires qui en fournissent chacun huit mille et qui ne s'entendent pas. Leur bon accord ne peut durer. Il est bon de travailler à les désunir, tout en les combattant. S'il faut pour cela faire des avances à quelqu'un d'entre eux, comme Louis XI en a fait à Edouard IV, lors du traité de Pecquiguy, pas de fausse honte : tout est bien qui finit bien. Un roi sage profitera des négociations ainsi entamées pour gagner à prix d'argent les serviteurs de ses ennemis. Qu'il leur assure de grosses pensions, c'est de l'argent bien placé ; surtout, s'il est possible, qu'il en retire quittance ; les écrits restent, et cela peut servir. Mais un souverain devra éviter de négocier en personne. Commines est d'avis que les entrevues de princes produisent toujours plus de mal que de bien. Outre qu'on peut se faire prendre au piège, comme Louis XI à Péronne, on se compromet par des paroles qui, tombant d'une bouche royale, ont plus de portée que si elles sortaient de celle d'un ambassadeur, et qu'on n'a pas la ressource de désavouer. Puis on peut se laisser aller à certaines effusions qu'on regrette plus tard et dont un diplomate de profession saurait mieux se défendre. Enfin, il est rare que deux souverains, chacun accompagné de sa cour, se rencontrent sans qu'il en résulte quelque froissement entre les deux partis.

Si Commines trace des règles aux rois, il en donne aussi, naturellement, à leurs serviteurs. Les conseillers ou ministres d'un grand prince doivent tout d'abord, à son sens, être discrets, savoir bien écouter, mais savoir encore mieux se taire, montrer à leur maître beaucoup de franchise et de sincérité, mais se garder de l'indisposer par l'étalage intempestif de leur zèle et de leur dévouement. Il ne faut pas chercher à dominer celui que l'on sert ; il ne faut pas l'humilier ; encore bien moins doit-on chercher à le faire trembler. Quand un sujet inspire de la crainte à son souverain et surtout qu'il a l'air de s'en douter, malheur à lui ! Le prince le frappera sans pitié. Qu'on se rappelle le connétable de Saint-Pol. Le favori qui veut rester tel ne sera donc que sage en évitant toute apparence d'orgueil et d'outrecuidance. Il sera souple, réservé, respectueux ; et, même après leur mort, il ne parlera de ses maîtres qu'avec déférence.

Le seigneur d'Argenton traite aussi en beaucoup d'endroits des ambassadeurs, de la façon dont ils rempliront leurs missions. Ceux des puissances amies seront, bien entendu, comblés de caresses et d'honneurs. Il sera bon pourtant de les surveiller sans relâche. Quant à ceux des États hostiles, il faut aussi les couvrir de fleurs, mais s'arranger de manière à savoir tout ce qu'ils font, les empêcher, autant que possible, de communiquer avec qui que ce soit, enfin les tenir — courtoisement — en quarantaine. Les uns et les autres n'obtiendront du roi que des audiences très rares, très courtes. Il ne faut pas qu'ils se familiarisent avec le souverain ; il ne faut pas que le souverain se compromette en leur parlant trop.

Le rôle de l'ambassadeur, d'après Commines, est toujours extrêmement délicat. Outre qu'il a fort à faire pour gagner du crédit dans la cour auprès de laquelle il est accrédité, il peut avoir pour maître un prince défiant, ombrageux, qui lui cache une partie de ses desseins ou qui le surveille et le gêne en secret ; dans ce cas, ce n'est qu'à force de finesse et de tact qu'il évitera de tomber en disgrâce. D'autres fois, il sert un souverain lourd, peu prévoyant, et il lui faudra prendre sur lui, à l'occasion, de redresser, de compléter des instructions fautives ou insuffisantes. En toute circonstance, d'ailleurs, il devra montrer assez de présence d'esprit pour profiter des occasions favorables à la politique de son maître et assez d'initiative pour nouer, de son chef, les intrigues les plus propres à assurer le succès de sa mission.

Les maximes de Commines ne seraient point toutes déplacées de nos jours. On sent, quand il parle, qu'on écoute non seulement un penseur profond et judicieux, mais un véritable homme d'État, fort au-dessus de son siècle, et qui, parfois, semble avoir deviné le nôtre. Les destinées des États européens et les rapports qu'ils ont entre eux ne sont point à ses yeux régis par le hasard. Bien avant Mazarin, bien avant Metternich, il parle d'équilibre politique et sait à merveille par quel contre poids doit être balancée chaque puissance. Tout État, nous dit-il, a pour l'empêcher de s'étendre outre mesure et d'abuser de la fortune, comme un aiguillon qui le force sans cesse à se retourner. C'est un État voisin, dont la rivalité ne lui permet pas d'employer toutes ses forces à menacer le reste du monde. L'aiguillon de France, c'est l'Angleterre ; celui de l'Angleterre, c'est l'Écosse ; celui de l'Espagne, le Portugal. Et il est bon, dit notre historien, qu'il en soit ainsi.

« Il pourroit sembler, dit-il, que ces divisions fussent necessaires par le monde, et que ces esguillons et choses opposites que Dieu a donné à chascun Estat, et presque à chascune personne soient necessaires. Et de prime face, en parlant comme homme non lettré, qui ne veult tenir opinion que celle que nous devons tenir, le me semble ainsi : et principallement pour la bestialité de plusieurs princes, et aussi pour la mauvaistié d'autres, qui ont sens assez et esperiance, mais ilz en veulent mal user... » (Liv. V, ch. 18.)

TRADUCTION. — « Il pourrait sembler que ces divisions fussent nécessaires par le monde et que ces aiguillons et oppositions que Dieu a donnés à chaque État et presque à chaque personne soient nécessaires. Et de prime abord, en parlant comme homme non lettré, qui ne veut tenir d'autre opinion que celle que nous devons tenir, c'est ce qu'il me semble et principalement pour la sottise de certains princes, et aussi pour la perversité d'autres, qui ont assez de sens et d'expérience, mais qui en veulent mal user. »

On voit par ce qui précède combien la lecture de Commines peut être profitable, même de nos jours, aux hommes d'État. Il n'a manqué à ce diplomate raffiné, pour être un grand politique, que d'avoir un royaume à gouverner. Il serait encore le meilleur des maîtres pour les rois et pour les ministres, s'il pouvait leur donner la vertu nécessaire, que trop d'entre eux n'ont pas et qui lui manque à lui-même : le sens moral.

CHAPITRE XII

COMMINES (*fin*). — SON MÉRITE LITTÉRAIRE.

Chacun des quatre grands chroniqueurs que nous venons d'étudier a, comme écrivain, ses qualités propres. A ce titre, Commines n'est point inférieur à ses trois devanciers. Il n'a pas, il est vrai, l'humour, le badinage facile et charmant du bon Joinville. Son habituelle gravité, comme la précision de ses récits et de ses maximes, le ferait plutôt ressembler à Villehardouin, qui ne peut, du reste, lui être comparé ni pour la profondeur des vues, ni pour l'ampleur du style. Celui dont il diffère de plus est évidemment Froissart. Ce dernier est par-dessus tout un peintre qui, grâce à un merveilleux coloris, nous rend sensibles les matérialités de l'histoire ; il excelle à retracer les dehors de la guerre ou de la politique, tandis que Commines en fouille et en explique les dessous. Le premier est un artiste, le second est un philosophe. L'un fait agir et l'autre fait penser devant nous les hommes du passé. Froissart ressuscite, Commines dissèque. Le confident de Louis XI est peu frappé des paysages, des costumes, du bruit des fêtes ou des combats. S'il nous conte Montlhéry et Fornoue, il est exact et rien de plus. Il a visité la moitié de l'Europe, mais il n'a pas l'âme d'un touriste. Venise est la seule ville dont il parle avec quelque détail, et si le tableau qu'il en fait est correct, il faut convenir qu'il n'a guère d'éclat. Il n'a pas voyagé pour son plaisir, aussi ne raconte-t-il pas pour amuser. Il a étudié les mœurs, sondé les caractères, scruté les consciences. En faveur des secrets précieux qu'il nous révèle et des leçons qu'il nous donne, on peut bien lui pardonner de n'avoir pas vêtu l'histoire de couleurs aussi vives, aussi *voyantes* que celles dont l'avait parée son prédécesseur.

D'ailleurs, s'il est plus froid, plus pâle que le chanoine de Chimay, il a sur lui un incontestable avantage, c'est de savoir composer avec méthode et ne pas conter à *la diable*, comme le fait trop souvent Froissart. Chez lui, point de confusion, point de désordre, point de récits recommencés de toutes pièces en deux ou trois endroits du livre ; point de digressions sans fin, qui peuvent charmer le lecteur, mais qui le déroutent et le détournent du sujet principal. Si les réflexions et les anecdotes ne sont pas rares dans son œuvre, elles sont du moins toujours à leur place et logiquement amenées pour éclairer ou expliquer les faits exposés par l'auteur.

La forme, chez Commines, est certainement moins brillante que chez son devancier du XIVe siècle. Est-elle pour cela sans mérite ? Bien loin de là. « La langue de Froissart, a dit un critique éminent (1), est descriptive, matérielle, et cela s'explique par la nature même des sujets qu'il traitait ;

(1) D. Nisard, *Histoire de la littérature française.*

celle de Commines est abstraite, spirituelle, par opposition à la langue concrète de Froissart. L'un emprunte ses images et ses couleurs aux spectacles qu'il décrit. Là même où il parle des douleurs morales, il s'attache plus à en peindre la pantomime qu'à en analyser les effets intérieurs. L'autre tire les nuances délicates de sa langue des profondeurs de l'intelligence et du raisonnement. La langue de Froissart est la langue des faits ; celle de Commines est celle des idées. Commines, en cent endroits, nous fait toucher à Montaigne. »

Il faut même dire plus : s'il a écrit trois quarts de siècle avant Montaigne et cinquante ans avant Rabelais, sa langue nous paraît cependant plus moderne et plus claire que celle de ces deux auteurs. Commines était comme eux ennemis de l'emphase et de la fausse rhétorique qui nous a gâté la Renaissance. Mais en outre, et fort heureusement pour nous, il ne savait pas le latin. Aussi a-t-il échappé à l'épidémie de pédantisme qui sévissait de son temps sur les meilleurs esprits et qui n'a épargné ni l'auteur de *Gargantua* ni celui des *Essais*. N'ayant point d'érudition pour travestir sa pensée, il l'a simplement habillée avec son bon sens. Jamais le français n'a mieux prouvé que sous sa plume qu'il se suffit à lui-même et peut tout exprimer avec énergie, élégance, netteté, quand il est manié par un homme de goût.

La netteté n'est pas, il est vrai, toujours parfaite dans ses mots, du moins à ce qu'il semble au premier abord. Cela tient à ce que, ses idées morales étant un peu équivoques, il emploie parfois pour les rendre des termes qui n'ont pas un sens identique pour ses lecteurs et pour lui-même. Ainsi ce qu'il appelle *habileté,* nous l'appelons d'ordinaire intrigue ou tromperie ; ce qui est à ses yeux *sagesse* est pour nous sagacité, pénétration, duplicité ou même fourberie ; il dit *finesse* quand nous dirions ruse ou artifice ; parlant d'un *très cruel tyran*, il lui accorde sans hésiter l'épithète d'*honorable*, sans doute parce que c'était un homme instruit, bien élevé. Dans son esprit et dans son livre, les mots *honneur*, *succès*, *profit* sont presque toujours synonymes (1). Mais on s'habitue vite en le lisant à ses étrangetés et, une fois Commines bien connu, l'on trouve son style merveilleusement clair.

Non seulement clair, mais souvent très ferme et très vigoureux. Les tournures vives, saillantes, aphoristiques, ne manquent pas dans ses *Mémoires*. *Bien assailli, bien défendu*, dit-il quelque part à propos d'une demande et d'une réponse. Parlant de ceux des seigneurs qui obtinrent le moins d'avantages au traité de Conflans : *Il n'y eut jamais de si bonnes noces*, remarque-t-il *qu'il n'y en eût de mal dinés* (de mal servis). Certains de ses mots, comme : *L'homme propose et Dieu dispose*, usés de nos jours, étaient neufs de son temps. *River le clou à quelqu'un* paraît trivial ; sous la plume de Commines, c'était simplement original. Mais il est telles de ses expressions qui ne peuvent pas vieillir. Quand, au sujet de Louis XI, ce prince, mieux fait pour *seigneurir un monde qu'un*

(1) V. Chantelauze, *Etude sur Philippe de Commines*.

royaume, et qui, à demi-mort, s'obstinait à chevaucher, il ajoute que *son grand cœur le portait ;* quand il écrit de Charles le Téméraire courant à sa ruine *que son malheur le conduisait*, il rend sa forte pensée sous une forme qui sera toujours saisissante.

Un esprit aussi froid et aussi positif que Commines devait être porté à l'ironie. Aussi bien ne manque-t-elle pas dans son livre. C'est parfois une ironie méchante et peu généreuse, comme à l'endroit où, à propos d'une bague arrachée au cadavre de son ancien maître, le duc de Bourgogne, il écrit que le voleur *lui fut mauvais valet de chambre.* A d'autres moments, c'est une moquerie plus douce, mais qui n'en a pas moins sa portée. A la bataille de Montlhéry, s'il faut l'en croire, il y eut dans les deux armées aux prises des poltrons d'une égale agilité.

« Du cousté du roy fouyt un homme d'Estat qui s'enfouyt jusques à Lusignan, sans repaistre ; et du cousté du conte (1), ung autre homme de bien jusques au Quesnoy-le-Conte. Ces deux n'avoient garde de se mordre l'ung l'autre... Tel perdit ses offices et estatz pour s'en estre fouy, et furent donnez à d'autres, qui avoient fouy dix lieues plus loing. Ung de nostre costé perdit auctorité, et privé de la présence de son maistre ; ung mois apres, eut plus d'auctorité que devant. » (Liv. I, ch. 4.)

TRADUCTION. — « Du côté du roi fuit un homme d'importance, qui s'enfuit jusqu'à Lusignan, sans manger ; et du côté du comte, un autre homme de bien jusqu'au Quesnoy-le-Comte. Ces deux-là n'avaient garde de se mordre l'un l'autre... Tel perdit ses offices et emplois pour s'être enfui, et on les donna à d'autres qui avaient fui dix lieues plus loin. Un des nôtres perdit autorité et fut banni de la

(1) De Charolais.

présence de son maître ; un mois après, il eut plus d'autorité que devant.

Ailleurs, l'intention railleuse éclate dans les propos qu'il attribue à certains de ses personnages. Rien de plus fin, par exemple, de plus spirituel que cet apologue de la peau de l'ours, conté, d'après lui, par l'empereur Fredéric III aux ambassadeurs de Louis XI (1). Mais ces échappées d'humeur narquoise sont, en somme, plus rares chez Commines qu'on ne serait porté à le croire et qu'on ne le souhaiterait. Sa qualité maîtresse est une gravité presque constante, qui n'exclut pas la finesse, bien s'en faut, et qui éclate particulièrement dans ses portraits. Nul n'a saisi mieux que lui, nul n'a rendu plus magistralement le caractère de Charles le Téméraire.

« Deux choses je dirai de luy ; l'une est que je croy que que jamais nul homme ne peust porter plus de travail que luy ;... l'autre que, à mon advis, je ne congneuz oncques homme plus hardi. Je ne luy oy oncques dire : « Je suis laz », ny ne luy viz jamaiz faire semblant d'avoir peur : et si ai esté sept annees de renc en la guerre avec luy, l'esté pour le moins, et aucunes l'iver et l'esté... Il taschoit à tant de choses grandes, qu'il n'avoit point de temps à vivre pour les mettre à fin ; et estoient choses presque impossibles, car la moitié de l'Europe ne l'eust seu contenter... Il estoit assez puissant de gens et d'argent ; mais il n'avoit point assez de sens ny de malice pour conduire ses entreprinses. Car avec les autres choses propices à faire conquestes, si le très grand sens n'y est, tout le demeurant n'est riens : et croy qu'il fault que cela viengue de la grace de Dieu. Qui eust peu prendre partie des con-

(1) Liv. IV, ch. 3. — La Fontaine a traité le même sujet dans une fable bien connue.

ditions du roy nostre maistre, et partie des siennes, on en eust bien faict un prince parfaict, car, sans nulle doubte, le roy en sens le passoit de trop ; et la fin l'a monstré par ses œuvres. » (Liv. I, ch. 4 ; liv. III, ch. 3.)

TRADUCTION. — « Je dirai deux choses de lui, l'une est que je crois que jamais nul homme ne put supporter plus de fatigue que lui ; l'autre, qu'à mon avis je ne connus jamais d'homme plus hardi. Je ne l'entendis jamais dire : « Je suis las », ni ne le vis jamais paraître avoir peur ; et j'ai pourtant été sept années de rang à la guerre avec lui, l'été pour le moins, et parfois l'hiver et l'été. Il travaillait à tant de grandes choses qu'il n'avait point de temps à vivre pour les mettre à fin ; et c'étaient choses presque impossibles, car la moité de l'Europe ne l'eût su contenter... Il était assez puissant d'hommes et d'argent ; mais il n'avait point assez de sens ni de finesse pour conduire ses entreprises. Car si aux autres qualités propres à faire conquêtes ne se joint un très grand sens, tout le reste n'est rien, et je crois qu'il faut que cela vienne de la grâce de Dieu. Si on eût pu prendre une partie des qualités du roi notre maître et une partie des siennes, on eût bien fait un prince parfait, car sans nul doute le roi le surpassait de beaucoup en bon sens, et la fin l'a montré par ses œuvres. »

On pense bien que les portraits de Louis XI abondent dans Commines. Nous n'en citerons qu'un, qui nous paraît, par sa finesse et son exactitude, une pièce achevée :

« ... Le plus sage pour soy tirer d'ung mauvais pas, en temps d'adversité, c'estoit le roy Louis XI, nostre maistre, et le plus humble en parolles et en habitz ; qui plus travailloit à gaigner ung homme qui le pouvoit servir ou qui luy povoit nuyre. Et ne se ennuyoit point à estre reffusé une foys d'ung homme qu'il pratiquoit à gaigner ; mais y continuoit, en luy promettant largement, et donnant par effect argent et estatz qu'il congnoissoit qui luy plaisoient. Et ceulx qu'il avoit chassez et deboutez en temps de paix et de prosperité, il les rachaptoit bien chier quant il en avoit besoing, et s'en servoit, et ne les avoit en nulle hayne pour les choses passees. Il estoit naturellement amy des gens de moyen estat, et ennemy de tous grans qui povoient se passer de luy. Nul homme ne presta jamais tant l'oreille aux gens, ny ne s'enquist de tant de choses, comme il faisoit, ny ne voulut congnoistre tant de gens ; car aussi veritablement il congnoissoit toutes gens d'auctorité et de valleur qui estoient en Angleterre, Espaigne... comme il faisoit ses subgectz... Mais surtout luy a servy sa grant largesse ; car, ainsi comme saigement conduisoit l'adversité, à l'opposite, dès qu'il cuydoit estre asseur, ou seullement en une treve, il se mettoit à mescontenter les gens, par petitz moyens, qui peu luy servoyent et à grant peyne povoit endurer paix. Il estoit legier à parler de gens, et aussi tost en leur présence que en leur absence, sauf de ceulx qu'il craignoit, qui estoient beaucoup, car il estoit assez craintif de sa propre nature. Et quant pour parler il avoit receu quelque dommaige, ou en avoit souspesson, et il le vouloit reparer, il usoit de ceste parolle au personnage... : « Je sçay bien que ma langue m'a porté grant dommage, ausi m'a elle faict quelquefoys du plaisir beaucoup : toutefois, c'est raison que je repare l'amende.» Et ne usoit point de ces privees parolles qu'il ne fist quelque bien au personnage à qui il parloit, et n'en faisoit nulz petitz. » (Liv. I, ch. 10,)

TRADUCTION. — « Le plus sage pour se tirer d'un mauvais pas en temps d'adversité, et le plus humble en paroles et en habits, et qui travaillait le plus à gagner un homme qui le pouvait servir ou qui lui pouvait nuire, c'était le roi Louis XI, notre maître. Et il ne se rebutait point pour être refusé une fois d'un homme qu'il marchandait, mais il continuait, lui promettant largement et donnant en effet argent et emplois qu'il savait lui plaire. Et ceux qu'il avait chassés et destitués en temps de paix et de prospérité, il les rachetait bien cher quand il en avait besoin et s'en servait, et ne les avait nullement en haine pour le passé. Il était naturellement ami des gens de moyen état et en-

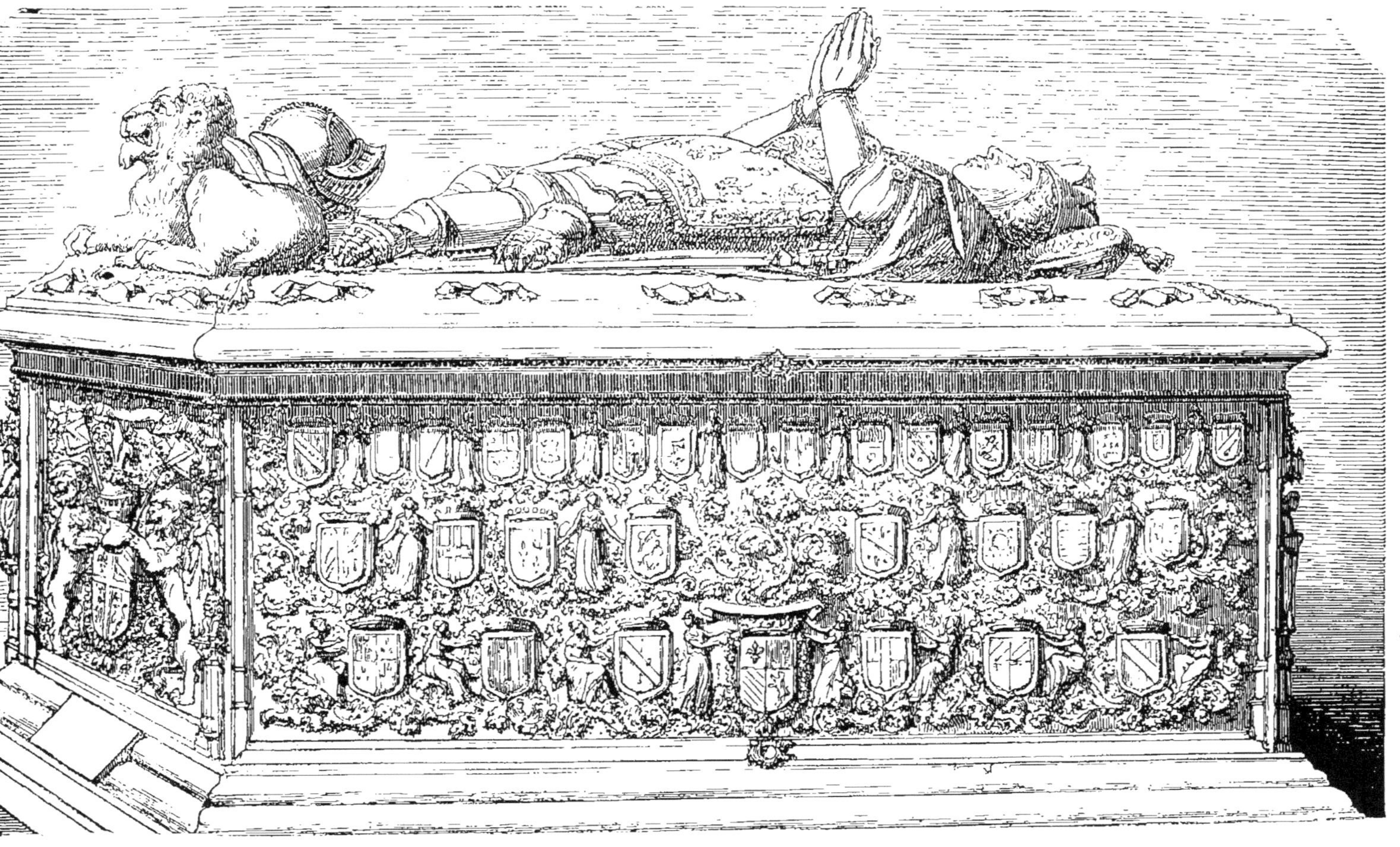

Tombeau de Charles le Téméraire.

nemi de tous grands qui pouvaient se passer de lui. Nul homme ne prêta jamais tant l'oreille aux gens ni ne s'enquit de tant de choses qu'il faisait, ni ne voulut connaître tant de gens : car aussi véritablement il connaissait toutes gens d'autorité et de valeur qui étaient en Angleterre, Espagne, etc., comme il faisait ses sujets... Mais c'est surtout sa grande largesse qui lui a servi : car s'il conduisait sagement l'adversité, au contraire, dès qu'il se croyait en sûreté, ou seulement en une trêve, il se mettait à mécontenter les gens par petits moyens qui lui servaient peu, et pouvait à grand'peine endurer la paix. Il était léger à parler des gens, tant en leur présence qu'en leur absence, sauf de ceux qu'il craignait, qui étaient beaucoup ; car il était assez craintif de sa propre nature. Et quand, pour avoir parlé, il avait reçu quelque dommage ou en avait soupçon, et qu'il le voulait réparer, il tenait ce langage à la personne : « Je sais bien que ma langue m'a porté grand dommage ; aussi m'a-t-elle fait quelquefois beaucoup de plaisir ; toutefois c'est raison que je paie l'amende. » Et il n'usait point de ces propos intimes qu'il ne fît quelque bien à celui à qui il parlait, et il n'en faisait nuls petits. »

Cette observation, cette analyse du cœur humain où se complaît Commines, l'entraînent le plus souvent à des réflexions assez tristes. Notre auteur ne passe point pour avoir eu l'âme sentimentale. Mais il n'est si froide nature qui ne s'échauffe et ne s'émeuve à ses heures. Aussi peut-on constater dans son livre un contraste plein de charme entre son habituel scepticisme et la mélancolie que lui inspirent certains souvenirs. Les grands retours de fortune le touchent au cœur. La tragique destinée de Charles le Téméraire lui arrache presque des larmes. Devant ces coups du sort, qui frappent indistinctement les grands et les petits, les rois et les sujets, sa pensée s'élève et se revêt d'une forme parfois grandiose. Les hommes lui paraissent alors bien peu de chose. C'est avec une pitié un peu sévère qu'il les voit s'agiter en ce monde, et nul mieux que lui ne nous fait sentir la vanité de leurs ambitions on l'inanité de leurs travaux. Quand il nous a conté la vie si terriblement agitée de Louis XI, sa réclusion volontaire, sa sinistre agonie,

« Vouldroit l'on dire, s'écrie-t-il, que ce roy ne souffrit pas, qui ainsi s'enfermoit et se faisoit garder, qui estoit en peur de ses enfans et de tous ses prouchains parens, qui changeoit et muoit de jour en jour ses serviteurs et nourris, et qui ne tenoient biens ny honneur que de luy, et en nul d'eulx ne se osoit fier, et se enchaignoit de si estranges chaynes et clostures ? Si le lieu estoit plus grant que d'une prison commune, aussi estoit-il plus grant que prisonniers communs.... Ne luy eust-il point myeulx vallu et à tous autres princes, et hommes de moyen estat, qui ont vescu soubz ces grans, et vivront soubz ceulx qui regnent, eslire le moyen chemin en ces choses ? C'est assavoir moins se soucier et moins se travailler, et entreprendre moins de choses : plus craindre à offencer Dieu, et à persecuter le peuple et leurs voisins, par tant de voyes cruelles que assez ay declairees par cy devant, et prendre des aises et plaisirs honnestes ? Leurs vies en seroient plus longues ; les malladies en viendroient plus tard ; et leur mort en seroit plus regrettee et de plus de gens, et moins desiree ; et auroient moins de doubte de la mort. Pourroit l'on veoir de plus beaux exemples pour congnoistre que c'est peu de chose que de l'homme, et que ceste vie est misérable et briefve, et que ce n'est riens des grans ne des petiz dès ce qu'ilz sont mors ; que tout homme en a le corps en horreur et en vitupere, et qu'il fault que l'ame, sur l'heure qu'elle se separe d'eulx, aille recevoir son jugement ? Et ja la sentence est donnee selon les œuvres et merites corps. » (Liv. VI, ch. 12.)

TRADUCTION. — « Voudrait-on dire que ce roi ne souffrit pas, lui qui ainsi s'enfermait et se faisait garder, qui avait peur de ses enfants et de ses proches parents, qui changeait et muait de jour en jour ses serviteurs et pensionnaires, lesquels ne tenaient biens ni honneurs que de lui, et n'osait se fier à nul d'eux, et s'enchaînait de si étranges chaînes et clôtures ? Si le lieu était plus grand qu'une prison commune, aussi était-il plus grand que prisonniers communs... Ne lui eût-il pas mieux valu, à lui et à tous autres princes et hommes de moyen état, qui ont vécu sous ces grands et vivront sous ceux qui règnent, élire en ces choses le moyen chemin ? Je veux dire moins se soucier et moins se travailler, et entreprendre moins de choses ; plus craindre d'offenser Dieu et de persécuter le peuple et leurs voisins par tant de voies cruelles que j'ai assez fait connaître plus haut, et prendre des aises et des plaisirs honnêtes ? Leurs vies en seraient plus longues, les maladies en viendraient plus tard, et leur mort en serait plus regrettée, et de plus de gens, et moins désirée ; et ils auraient moins de crainte de la mort. Pourrait-on voir de plus beaux exemples pour connaître que c'est peu de chose que l'homme et que cette vie est misérable et courte, et que ce n'est rien que grands et que petits, dès qu'ils sont morts, que tout homme en a le corps en horreur et en mépris, et qu'il faut que l'âme, sitôt qu'elle se sépare d'eux, aille recevoir son jugement ? Et déjà la sentence est donnée selon les œuvres et mérites du corps. »

On croirait lire du Sénèque. L'éloquence, on le voit, ne manque pas à cette philosophie pratique dont l'histoire a fourni tous les éléments à Commines. Et ce souffle oratoire, si remarquable chez ce diplomate raisonneur, donne parfois à son langage un mouvement, une facture que Bossuet ne désavouerait pas. Écoutez sur quel ton il sait à l'occasion parler des mauvais princes :

« ... Qui se informera de leur vie ? L'information faicte, qui la portera au juge ? Qui sera le juge qui en prendra la congnoissance et qui en fera la pugnition?... L'information sera la plainte et clameur du peuple, qu'ilz foullent et oppressent en tant de manieres, sans en avoir compassion ne pitié ; les douloureuses lamentations des vefves et des orphelins, dont ilz auront faict mourir les maris et peres, dont ont souffert ceulx qui demeurent apres eulx ; et generallement tous ceux qu'ilz auront persecutez, tant en leurs personnes que en leurs biens : cecy sera l'information, et leurs grans criz pour plaintes et piteuses larmes lespresenteront devant Notre-Seigneur qui en sera le vray juge, qui, par adventure, ne vouldra attendre à les pugnir jusques à l'autre monde, et les pugnira en cestuy cy... » (Liv. V, ch. 19.)

TRADUCTION. — « Qui s'informera de leur vie? L'information faite, qui la portera au juge ? Quel sera le juge qui en prendra connaissance et qui en fera punition ?... L'information, ce seront la plainte et la clameur du peuple, qu'ils foulent et oppriment en tant de manières, sans en avoir compassion ni pitié, les douloureuses lamentations des veuves et des orphelins dont ils auront fait mourir les maris et les pères, ce dont ont souffert ceux qui demeurent après eux, et généralement tous ceux qu'ils ont persécutés, tant en leurs personnes qu'en leurs biens. Ceci sera l'information et leurs grands cris pour plaintes et leurs piteuses larmes les présenteront devant Notre-Seigneur, qui en sera le vrai juge et qui peut-être ne voudra pas attendre pour les punir jusqu'à l'autre monde, et les punira dans celui-ci... »

C'est par cette citation que nous voulons clore notre étude sur Philippe de Commines. Il doit être beaucoup pardonné au politique, froid, intéressé, cauteleux, qui, à certaines heures, a tenu ce noble et touchant langage. Si le confident de Louis XI ne fut pas tout à fait un honnête homme, s'il servit sans scrupule d'assez mauvaises causes, s'il porta dans l'histoire une morale quelque peu relâchée, si une grande partie de ses *Mémoires* ne lui fut dictée que par sa raison, nombre de pages lui furent aussi dictées par le cœur, et, dans ces endroits-là, l'on peut dire que Commines fut un grand écrivain.

Le travail que nous avons entrepris sur les chroniques françaises du moyen âge doit forcément s'arrêter ici. Depuis la Renaissance, l'histoire a pris dans notre pays les formes les plus variées, comme les plus vastes développements, et produit en grand nombre des chefs-d'œuvre nouveaux, que le public lit de préférence aux anciens. Le tableau d'un passé lointain nous attire moins aujourd'hui que le récit des événements les plus rapprochés de notre époque, et c'est assez naturel. En outre, le français n'ayant guère changé depuis le XVIe siècle, nous lisons nos mémoires modernes avec moins d'effort, partant avec plus de plaisir, que nos vieilles chroniques. Est-ce à dire que ces premiers essais d'une langue et d'une nationalité presque inconscientes au début soient pour nous sans intérêt, sans profit ? qu'il n'y ait ni agrément ni avantage à rechercher les origines, à retracer les progrès d'une science et d'un art qui ont grandi en France avec la France elle-même et qui, aux heures les plus douloureuses, ont passionné, soutenu, réconforté nos pères ? Nous souhaitons de tout notre cœur que cette étude sommaire, mais consciencieuse, contribue à répandre l'opinion contraire. Cette histoire romane et populaire, comprise de tous, qui lutte si faiblement au début, plus tard avec tant de succès, contre l'histoire latine des couvents, inintelligible à la foule ; cette épopée en prose qui rompt péniblement, avec Villehardouin, le moule des chansons de gestes ; cette peinture si naïve, si fraîche, où revit, grâce à Joinvillle, la France chrétienne et chevalcresque de saint Louis ; cette mise en scène éclatante où Froissart encadre, avec un grand royaume envahi, la féodalité violente, pompeuse et dégénérée du xive siècle ; enfin la pénétrante philosophie de ce Commines pour qui l'âme ténébreuse d'un Louis XI ne peut avoir de secrets, c'est là ce qui d'âge en âge a fait dans le cœur de nos aïeux la patrie toujours vivante et toujours plus aimée. L'exemple et la popularité de nos premiers conteurs leur ont suscité des milliers d'émules. Nos mémorialistes modernes ont marché glorieusement sur les traces de leurs devanciers. Quelques-uns, comme Retz ou Saint-Simon, les ont surpassés. Ce n'est pas une raison pour que nous ayons le droit de les oublier.

FIN.

TABLE DES MATIÈRES

TABLE DES GRAVURES

Paris-Poitiers. — Société Française d'Imprimerie et de Librairie.

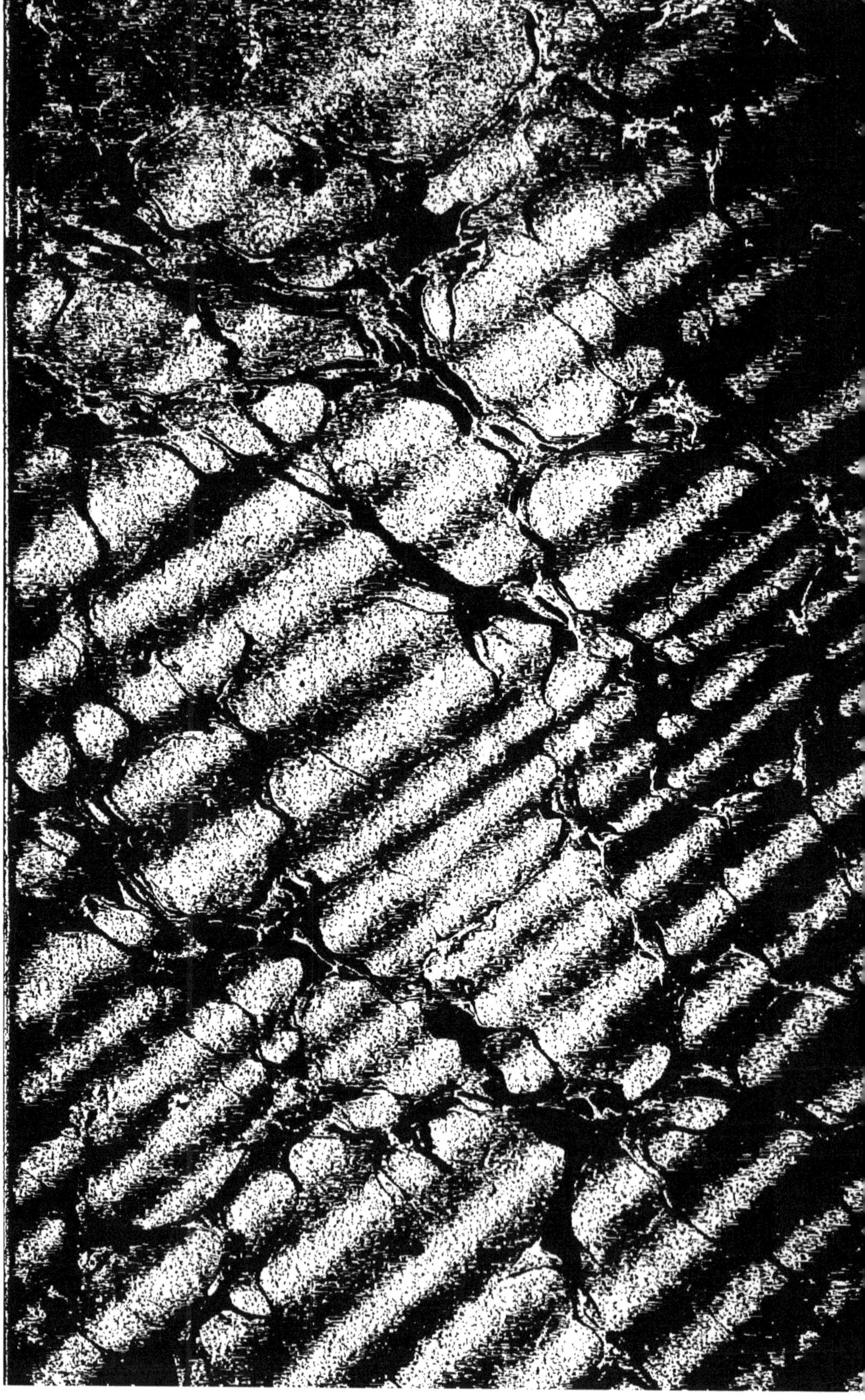

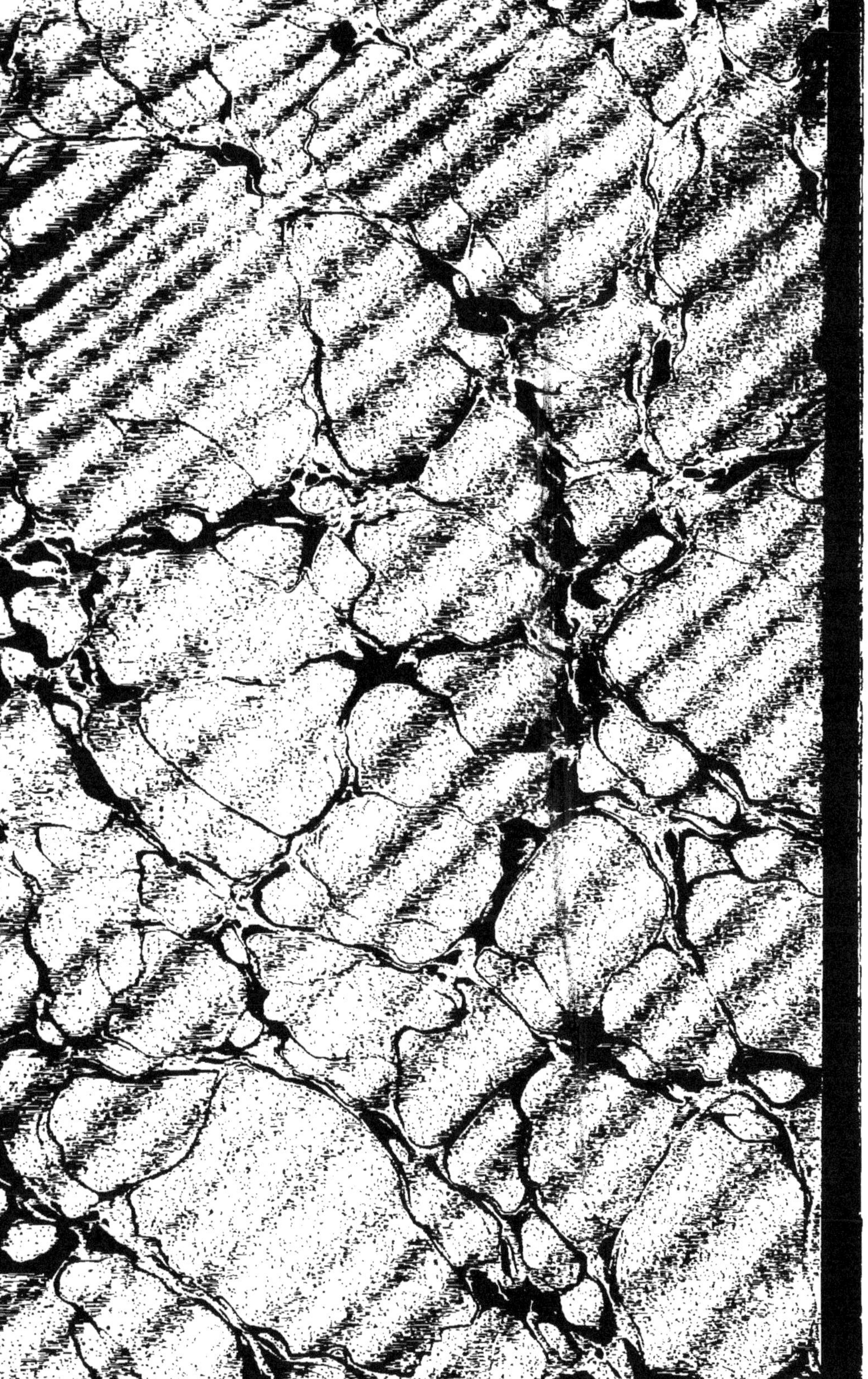

www.ingramcontent.com/pod-product-compliance
Ingram Content Group UK Ltd.
Pitfield, Milton Keynes, MK11 3LW, UK
UKHW020209250726
13967UKWH00003B/1365

9 782012 988293